생생화보로 배우는
고양이사전

생생화보로 배우는
고양이사전

초판 인쇄 2025년 7월 7일
초판 발행 2025년 7월 17일

지은이 콘텐츠랩
펴낸이 진수진
펴낸곳 굿키즈북스

주소 경기도 고양시 일산서구 일산동 1093
출판등록 2013년 5월 30일 제2013-000078호
전화 031-911-3416
팩스 031-911-3417

*본 도서는 무단 복제 및 전재를 법으로 금합니다.
*가격은 표지 뒷면에 표기되어 있습니다.

생생화보로 배우는
고양이사전

차례

- 노르웨이숲 ·6
- 데본렉스 ·8
- 라팜 ·10
- 랙돌 ·12
- 라가머핀 ·14
- 러시안블루 ·16
- 맹크스 ·18
- 킴릭 ·20
- 먼치킨 ·22
- 먼치컬 ·24
- 먼치킨 롱헤어 ·26
- 메인쿤 ·28
- 샴 ·30
- 발리니즈 ·32
- 버만 ·34
- 버미즈 ·36
- 벵갈 ·38
- 봄베이 ·40
- 브리티시 쇼트헤어 ·42
- 샤트룩스 ·44
- 셀커크 렉스 ·46
- 스코티시 폴드 ·48
- 스코티시 폴드 롱헤어 ·50
- 스쿠컴 ·52
- 스핑크스 ·54
- 시베리안 ·56
- 아메리칸 쇼트헤어 ·58
- 아메리칸 와이어헤어 ·60
- 아메리칸 컬 ·62
- 아메리칸 컬 쇼트헤어 ·64
- 아비시니안 ·66
- 소말리 ·68

- 엑조틱 쇼트헤어 · 70
- 오리엔탈 쇼트헤어 · 72
- 오시캣 · 74
- 이집션 마우 · 76
- 재패니즈 밥테일 · 78
- 코니시 렉스 · 80
- 코라트 · 82
- 터키시 반 · 84
- 터키시 앙고라 · 86
- 통키니즈 · 88
- 페르시안 · 90
- 하바나 브라운 · 92
- 히말라얀 · 94
- 코리안 쇼트헤어 · 96
- 네벨룽 · 98
- 브리티시 롱헤어 · 100

- 유러피안 쇼트헤어 · 102
- 캄풍헨셈 · 104
- 피터벌드 · 106
- 민스킨 · 108
- 라이코이 · 110
- 스노우슈 · 112
- 픽시밥 · 114
- 토이거 · 116
- 사바나캣 · 118
- 재패니즈 밥테일 롱헤어 · 120
- 오리엔탈 롱헤어 · 122
- 아메리칸 밥테일 · 124
- 버밀라 · 126
- 페르시안 솔리드 · 128

01 노르웨이숲

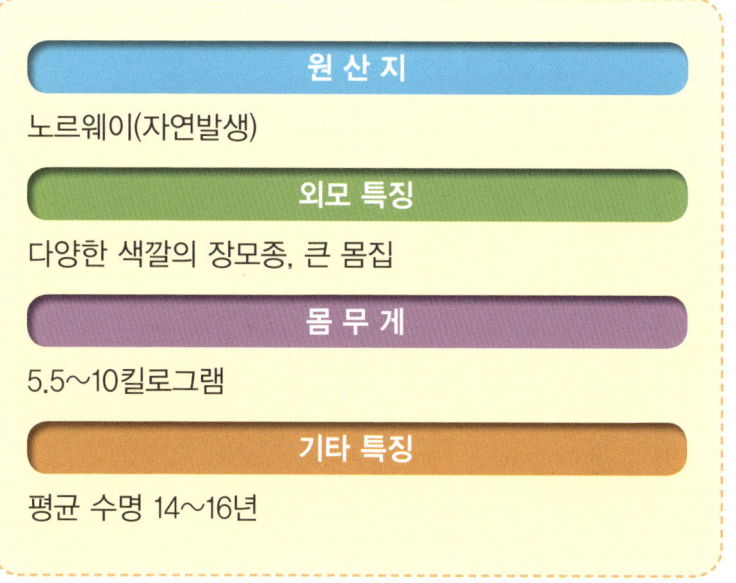

원산지 노르웨이(자연발생)

외모 특징 다양한 색깔의 장모종, 큰 몸집

몸무게 5.5~10킬로그램

기타 특징 평균 수명 14~16년

   노르웨이 산림 지역에서 발생한 품종입니다. 북유럽의 맹추위를 견디기 위해 털이 풍성한 장모 고양이로 진화했지요. 기름기 섞인 털은 보온 효과뿐만 아니라 방수에도 큰 장점이 있습니다. 색깔도 다양하고요. 또한 몸이 길고 뼈대가 굵어 당당한 모습을 자랑합니다. 단단한 근육질 몸도 척박한 환경에 적응하는 데 도움이 되었지요.

   노르웨이숲이 가진 외모의 또 다른 특징은 귀가 크다는 점입니다. 성격은 이중적인 면을 보이지요. 대담하면서도 쉽게 흥분하지 않는 침착성을 지녔습니다. 그리고 낯을 좀 가리기는 해도 한번 마음을 연 사람은 잘 따르지요. 몸집이 큰 만큼 식욕도 왕성한 편이고요. 노르웨이숲을 키울 때는 무엇보다 더위 관리를 잘 해줘야 합니다. 원 태생이 북유럽 지역인 만큼 추위에 강한 것과 달리 더위에는 약하거든요. 따라서 여름철이 되면 열사병에 걸리지 않도록 주의해야 합니다.

02
데본렉스

원산지
영국(돌연변이)

외모 특징
짧은 수염, 단모종, 마른 몸

몸무게
3~6킬로그램

기타 특징
지능이 높고, 점프를 잘함

렉스 품종의 돌연변이로 발생한 고양이입니다. 언뜻 코니시 렉스나 저먼 렉스와 닮아 보이지요. 데본 렉스는 1959년 영국 데본 지역에서 처음 발견되었습니다. 전체적인 몸의 특징은 머리가 작고, 몸이 가늘며, 귀가 크고 끝부분이 날렵하다는 점입니다.

또한 데본 렉스는 눈이 크고, 코가 약간 들려 있는 모습입니다. 여느 고양이에 비해 수염은 짧은 편이지요. 다리는 날씬한 몸집에 어울리게 길쭉하고요. 아울러 데본 렉스는 보호털이 거의 없습니다. 솜털을 덮는 거친 털이 별로 없다는 뜻이지요. 그래서 털을 쓰다듬어 보면 아주 부드러운 느낌입니다.

데본 렉스의 성격은 새침해 보이는 겉모습과 달리 호기심이 많고 활동적입니다. 표정도 풍부하며, 사람을 잘 따르지요. 따라서 반려묘로 키우기 적합합니다. 다만 유전성 근병증과 피부 질환에 잘 걸리는 것으로 알려져 있습니다.

03
라팜

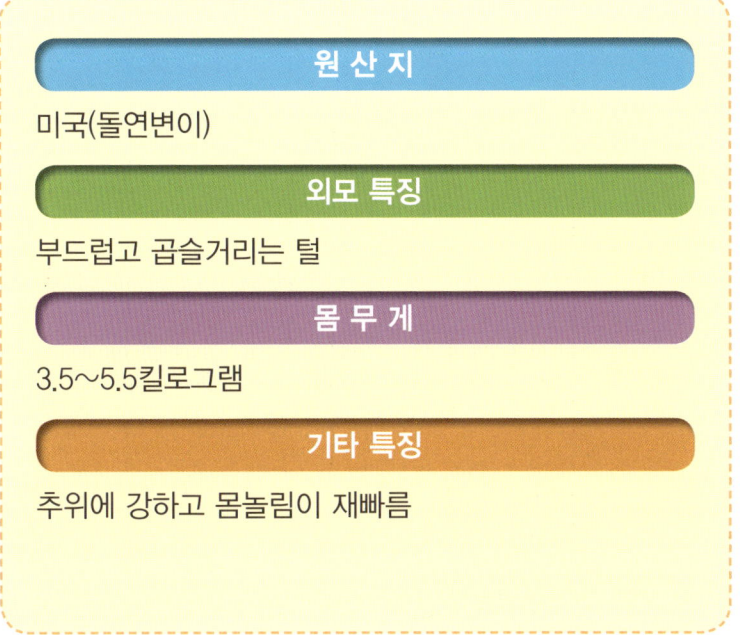

원산지
미국(돌연변이)

외모 특징
부드럽고 곱슬거리는 털

몸무게
3.5~5.5킬로그램

기타 특징
추위에 강하고 몸놀림이 재빠름

　라팜은 자연적인 돌연변이로 탄생한 품종입니다. 무엇보다 몸 전체를 뒤덮은 부드럽고 곱슬거리는 털이 눈길을 끌지요. 특히 목과 귀 아래쪽, 배 부분에 더 많이 곱슬거리는 털이 자랍니다. 1982년 미국 오리건주에서 처음 발견되었지요.

　라팜의 몸집은 크지도 작지도 않습니다. 몸무게 3.5~5.5킬로그램 정도의 중형 고양이지요. '라팜'이라는 이름에는 '물결'이라는 뜻이 담겨 있습니다. 단모종과 장모종이 모두 존재하는데, 어느 경우든 털 모양이 일렁이는 물결처럼 보여 그렇게 부르기 시작했습니다.

　라팜은 둥근 머리에 보통 크기의 귀를 가졌습니다. 눈은 아몬드 모양이며, 수염이 길고, 꼬리에는 풍성한 털이 덮였지요. 털 색깔은 다양하고요. 라팜의 성격은 활달하고 대범한 편입니다. 호기심과 장난기가 많고, 사람을 잘 따르지요. 대부분의 경우 건강에도 별 문제가 없는 튼튼한 품종입니다.

04
랙돌

원산지
미국(인위발생)

외모 특징
파란 눈, 몸이 크고 다리가 짧음

몸무게
5~10킬로그램

기타 특징
운동량이 적고 온순함

 1960년대에 미국인 앤 베이커가 몇몇 종류의 고양이를 교배시켜 인위적으로 만든 품종입니다. 몸집이 큰 고양이로 손꼽히는데, 몸무게가 11킬로그램이 넘는 개체가 있을 정도지요. 이름에는 '봉제 인형'이라는 뜻이 담겨 있습니다.

 랙돌은 큰 몸집에 비해 짧은 다리를 갖고 있습니다. 하지만 근육이 발달해 오히려 단단한 느낌을 주지요. 털 길이는 장모종보다 조금 짧은 편이며, 털 색깔은 연한 바탕색을 기반으로 몸 일부에 검은색이나 짙은 갈색 등이 어우러진 모습입니다. 꼬리 길이는 몸길이와 거의 1 대 1의 비율이지요.

 랙돌의 성격은 얌전한 편입니다. 움직임도 느긋하며, 어지간해서 공격적인 모습을 보이지 않지요. 하지만 사회성이 뛰어나 사람을 잘 따릅니다. 사람이 안아주면 아예 온몸을 맡겨 축 늘어지고는 하지요. 다만 랙돌을 키울 때는 비만에 주의해야 합니다.

05
라가머핀

원산지
미국(인위발생)

외모 특징
랙돌과 비슷함

몸무게
4~9킬로그램

기타 특징
온순하고 얌전함

　랙돌에서 갈라져 나온 품종입니다. 1994년 별도의 품종으로 인정받았지요. 겉모습이나 성격이 랙돌과 비슷한데, 털 색깔이 좀 더 다양하다는 차이점이 있습니다. 또한 랙돌의 눈 색깔이 파란색인데 비해 라가머핀은 어떤 특정한 색으로 규정할 수 없지요.

　또한 라가머핀은 랙돌보다 몸집이 조금 작은 편입니다. 몸무게가 4~9킬로그램 정도지요. 그럼에도 성장 속도는 랙돌 못지않게 느리다고 합니다.

　라가머핀의 성격은 랙돌을 그대로 빼닮았습니다. 온순하고 얌전해 어린아이들에게도 사납게 구는 경우가 별로 없지요. 오죽하면 '개냥이'라고 불릴 만큼 사람과 거리낌 없이 어울립니다. 아울러 지능지수가 높은 편이라 종종 영리한 모습을 보이고는 하지요. 하지만 개체 수가 많지 않아 반려묘로 키우는 집사들이 아직 흔하지는 않습니다.

06
러시안블루

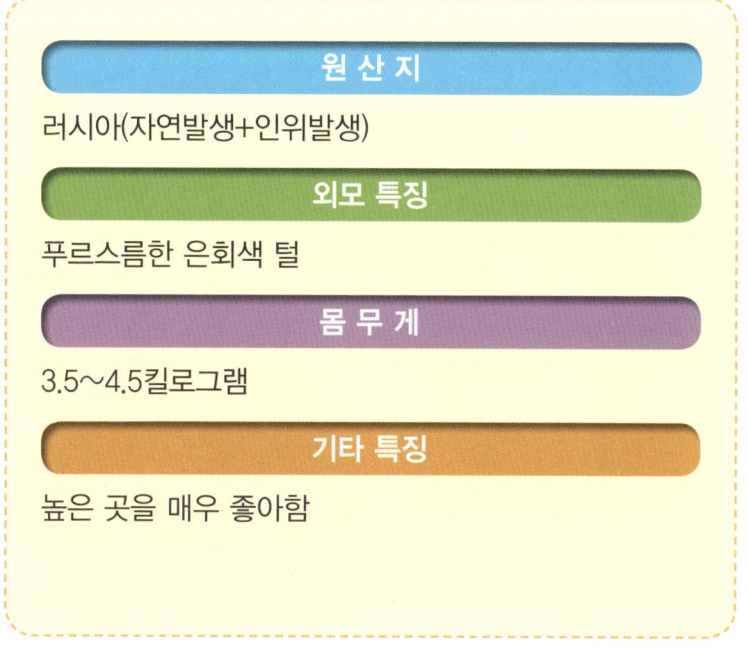

원산지
러시아(자연발생+인위발생)

외모 특징
푸르스름한 은회색 털

몸무게
3.5~4.5킬로그램

기타 특징
높은 곳을 매우 좋아함

'단모종의 귀족'으로 불리는 품종입니다. 원산지는 러시아인데 영국에서 품종을 개량했지요. 1912년 정식 품종으로 인정받았습니다. 몸무게 3.5~4.5킬로그램의 중형 고양이지요.

러시안블루는 이름에서 짐작하듯 푸르스름한 은회색 털을 가졌습니다. 다른 털 색깔은 러시안블루라고 할 수 없지요. 더불어 몸집이 날씬하고 에메랄드빛 눈동자를 가져 우아한 자태를 뽐냅니다. 아담한 크기의 역삼각형 머리에 단정한 귀, 동그란 눈은 사람들의 눈길을 사로잡기에 충분하지요.

러시안블루의 성격은 겁이 많고 소심합니다. 공격 성향이 거의 없고 울음소리도 작은 편입니다. 또한 도도해 보이는 겉모습과 달리 사람들에게는 곧잘 애교를 떨지요. 여느 고양이들만큼 호기심도 많고요. 특히 러시안블루는 고양이 치고도 높은 곳을 아주 좋아하는 성격입니다. 집에서 키우다 보면 장롱 위에 올라가 몸을 감추고는 하지요.

07

맹크스

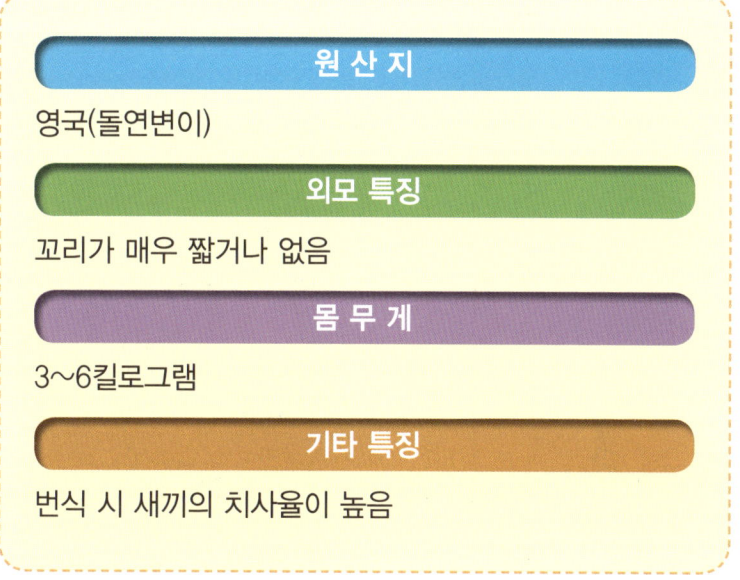

원산지
영국(돌연변이)

외모 특징
꼬리가 매우 짧거나 없음

몸무게
3~6킬로그램

기타 특징
번식 시 새끼의 치사율이 높음

    영국의 맨 섬이 원산지인 품종입니다. 섬이라는 지형적 특성이 개성 있는 고양이 품종의 출현을 가능하게 했지요. 몸무게 3~6킬로그램 정도인 중형 고양이로, 몸길이도 30센티미터 안팎입니다.

    맹크스의 특징이라면 뭐니 뭐니 해도 꼬리가 매우 짧거나 없다는 점입니다. 또한 뒷다리가 앞다리보다 훨씬 길어서 엉덩이를 흔들며 깡충깡충 뛰는 듯한 걸음걸이가 눈에 띄지요. 맹크스는 머리가 둥글넓적하며, 동그란 눈에 작은 코를 가진 특징도 있습니다. 털 색깔과 눈 색깔은 어느 한 가지로 규정할 수 없지요.

    맹크스는 얌전하면서도 활동적인 성격입니다. 사람들과 장난치는 것 역시 좋아하지요. 그런데 꼬리가 없는 맹크스는 같은 품종끼리 교배할 경우 새끼의 치사율이 매우 높다는 통계가 있습니다. 많은 새끼가 사산하거나, 용케 태어나더라도 수명이 길지 않지요.

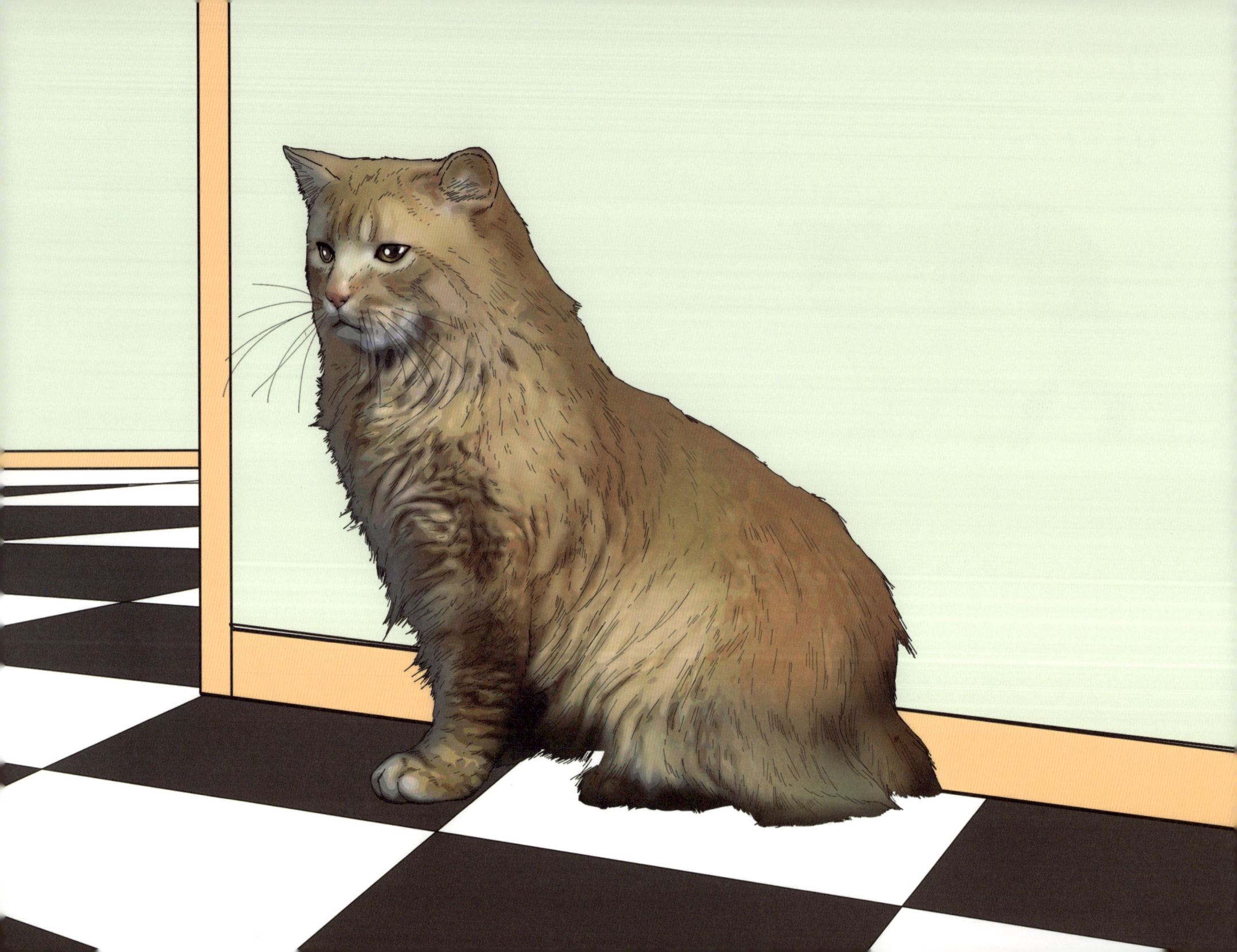

08
킴릭

원산지
캐나다(돌연변이)

외모 특징
꼬리가 매우 짧거나 없음

몸무게
3~6킬로그램

기타 특징
맹크스에 비해 털이 긴 장모종

맹크스의 장모종입니다. 캐나다로 건너온 맹크스 사이에 돌연변이가 일어나 만들어진 품종이지요. '롱헤어 맹크스'라고도 불립니다. 털 길이를 제외하면 맹크스와 다른 점이 거의 없지요. 그런 까닭에 킴릭은 1960년대에 이르러서야 독립된 품종으로 인정받았습니다.

킴릭은 맹크스가 그렇듯 번식이 원활하지 못합니다. 새끼가 사산되는 경우가 많아 맹크스보다도 개체 수가 적은 편이지요. 킴릭은 꼬리 길이에 따라 서로 다른 이름으로 불리기도 합니다. 꼬리가 아예 없으면 '럼피', 짧은 꼬리가 보이면 '스텀피즈', 비교적 꼬리 형태가 온전하면 '롱기'라고 일컫지요.

킴릭은 맹크스와 겉모습만 닮은 것이 아닙니다. 맹크스처럼 뒷다리가 길어 깡충깡충 뛰는 듯 걸어 다니지요. 그리고 성격도 온순하고 상냥하며, 운동량이 많습니다.

09
먼치킨

원산지
미국(돌연변이)

외모 특징
다리가 짧음

몸무게
2.2~4.5킬로그램

기타 특징
짧은 다리 탓에 움직임이 귀여움

　미국에서 자연발생한 돌연변이 품종입니다. 고양이 품종 중 유일하게 다리가 짧은 특징이 있지요. 하지만 한 배에서 태어난 새끼라고 해서 모두 같은 것은 아닙니다. 다리가 짧은 특징을 잘 보여주는 '쇼트레그'는 보통 한 번 출산에 2마리 정도밖에 태어나지 않지요.

　먼치킨은 몸무게 2.2~4.5킬로그램 정도 되는 중소형 고양이입니다. 짧은 다리 탓에 움직임이 귀여워 반려묘로 인기가 높지요. 성격도 활달해 사람들과 장난치는 것을 좋아합니다. 그러나 짧은 다리의 먼치킨을 얻기 위해 인위적으로 도태하거나 교배시키는 경우가 있어 동물권 보호 측면에서 비판을 받는 품종이기도 하지요.

　먼치킨은 짧은 다리를 제외하면 이렇다 할 특징은 없습니다. 특정한 털 색깔도 없지요. 꼬리 길이 등도 여느 고양이와 별로 다르지 않습니다.

10 먼치컬

원산지: 미국(인위발생)

외모 특징: 귀가 구부러지고 다리가 짧음

몸무게: 3~5킬로그램

기타 특징: 털 빠짐이 적음

  미국에서 먼치킨과 아메리칸컬을 교배시켜 만든 품종입니다. 아메리칸컬은 연골이 살짝 구부러진 귀를 가진 특징이 있지요. 먼치킨은 해당 항목에서 설명한 대로 다리가 짧은 특징이 있고요. 그러다 보니 먼치컬은 두 가지 특징을 함께 갖춘 개성 있는 모습으로 탄생했습니다. 한마디로 앙증맞은 모습이지요.

  먼치컬은 몸무게 3~5킬로그램 정도의 중소형 고양이입니다. 겉모습에서 보이는 이미지와 달리 운동량이 많아 활발한데 털 빠짐은 적어 반려묘로 사랑받지요. 게다가 사람과 어울려 장난치는 것을 좋아하고요. 추위에도 강해 겨울이 긴 나라에서 살기 안성맞춤입니다.

  그런데 먼치컬은 남다른 개성이 질병과 연관되기도 합니다. 독특한 모습의 귀는 외이염에 취약하고, 짧은 다리는 관절질환을 앓을 가능성이 있지요.

11 먼치킨롱헤어

- 원산지: 미국(인위발생)
- 외모 특징: 털이 긴 먼치킨
- 몸무게: 2.2~4.5킬로그램
- 기타 특징: 털 때문에 다리가 더 짧아 보임

 허리가 길고 다리가 짧은 먼치킨은 고양이계의 닥스훈트라고 부를 만합니다. 가만있어도 그렇지만 바삐 움직일 때 모습은 지켜보는 사람들이 웃음을 자아내게 하지요. 여기에 먼치킨롱헤어는 털까지 길어 그 모습이 더 우스꽝스러울 때가 많습니다.

 먼치킨롱헤어는 한마디로 먼치킨 장모종이라고 할 수 있습니다. 털이 길다는 점만 빼면 먼치킨의 귀여운 모습을 쏙 빼닮았지요. 겉모습뿐만 아니라 몸무게도 비슷하고요. 멀리서 얼핏 보면 먼치킨이 담요를 뒤집어쓴 것 같기도 합니다.

 먼치킨롱헤어의 원산지 역시 미국입니다. 사람들이 먼치킨을 인위적으로 개량해 탄생시킨 품종이지요. 털 색깔은 전체적으로 짙은 회색을 띠는 것부터 두세 가지 색깔이 섞인 것과 호피무늬 등 제법 다양합니다. 성격은 활달하고 호기심이 많지요.

12 메인쿤

원 산 지
미국(자연발생)

외모 특징
몸집이 매우 큰 장모종

몸 무 게
5~10킬로그램(개체에 따라 15킬로그램 이상)

기타 특징
추위에 강하고 더위에 약함

　미국 북부의 토착 고양이들 사이에서 자연발생한 장모종입니다. 미국 메인주에서 처음 발견되었다고 해서 '메인', 거기에 너구리처럼 보인다고 해서 '쿤'이 붙어 메인쿤이라는 이름을 갖게 되었지요. 몸집이 매우 큰 대형 고양이로, 근육이 발달했으며 몸에 비해서는 다리가 짧은 편입니다.

　메인쿤은 털이 풍성하고 색깔도 다양합니다. 몸무게가 5~10킬로그램 정도인데 일부 개체는 15킬로그램 이상 나간다고 하지요. 그러다 보니 갑자기 메인쿤과 맞닥뜨리면 작은 맹수처럼 느껴지기도 합니다. 그러나 울음소리는 딱 고양이 소리일 뿐이지요.

　메인쿤의 성격은 덩치와 달리 온화하고 우호적입니다. 사람들에게 애교도 곧잘 떨지요. 그 밖에 메인쿤은 털에 방수 기능이 있어 폭염에 취약합니다. 반대로 추위에는 잘 적응하지요. 털 빠짐도 무척 심하다고 알려져 있습니다.

13

샴

원 산 지
태국(자연발생)

외모 특징
사파이어 눈동자와 장화를 신은 듯한 다리

몸 무 게
3~5킬로그램

기타 특징
사람에 대한 친밀성이 뛰어남

태국에서 자연발생한 품종입니다. 영어로는 '시아미즈캣'이라고도 하지요. 샴은 새끼 때 온몸이 하얗다가 자라면서 귀, 주둥이, 다리, 꼬리 등에 검은색에 가까운 어두운 색깔이 나타납니다. 그 밖에 샴의 외모에서 눈에 띄는 특징이라면 사파이어 블루 색깔의 아름다운 눈동자를 이야기할 수 있습니다.

샴은 단모종인 데다 속털이 없어 털갈이가 심하지 않습니다. 그런 특성도 반려묘로 인기가 높은 이유 중 하나지요. 몸무게는 3~5킬로그램 정도로 몸집도 크지 않습니다. 전체적으로 날렵한 이미지를 주는 모습이지요.

샴의 성격은 온순하면서 사교적입니다. 활동성도 강해 주인과 스킨십하며 노는 것을 아주 좋아합니다. 호기심도 많아 이따금 주변 물건을 물어뜯기도 하지요. 또한 울음이 잦고 추위를 잘 타는 편입니다.

14
발리니즈

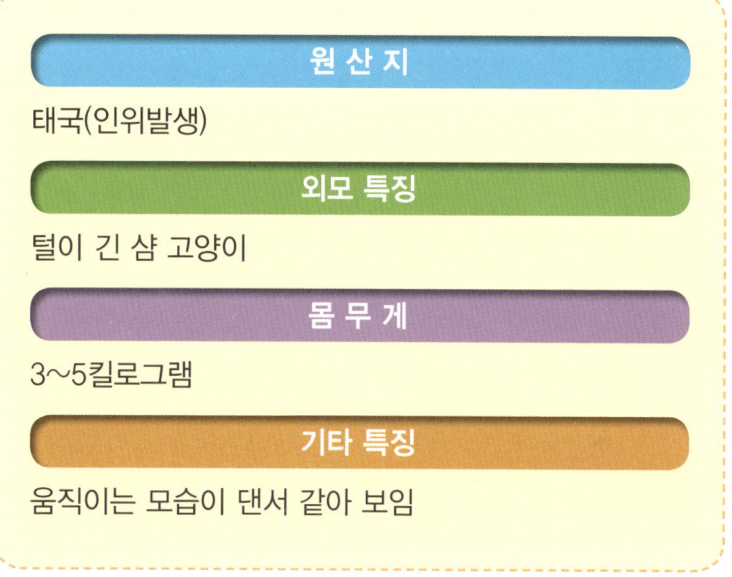

원산지
태국(인위발생)

외모 특징
털이 긴 샴 고양이

몸무게
3~5킬로그램

기타 특징
움직이는 모습이 댄서 같아 보임

    샴과 터키시앙고라의 교배를 통해 탄생한 품종입니다. 겉모습은 샴과 비슷하지만 털 길이가 더 길지요. 대략 5센티미터 정도로, 장모종이라고 할 수 있습니다. 긴 털을 찰랑대며 움직이는 모습이 발리 댄서 같아 보인다고 해서 지금의 이름이 붙었지요.

    발리니즈는 전체적으로 날렵한 외모를 자랑합니다. 역삼각형 얼굴과 커다란 귀도 눈에 띄는 특징이지요. 샴이 그렇듯 주둥이, 다리, 꼬리 등에 짙은 색 포인트가 나타나고요. 눈동자도 샴 못지않게 반짝이며 아름답습니다.

    발리니즈의 성격은 활달하면서 애교도 잘 부립니다. 그나마 샴보다는 차분하다고 말할 수 있지요. 다른 동물들과 함께 있어도 공격적이지 않고요. 하지만 장모종인 만큼 샴에 비해 털 빠짐이 심한 것은 어쩔 수 없습니다.

15 버만

원산지
미얀마(자연발생)

외모 특징
하얀 발

몸무게
4~8킬로그램

기타 특징
둥글넓적한 머리에 푸른색 눈동자

현재의 미얀마를 옛날에는 '버마'라는 국가 이름으로 불렀습니다. 고양이 버만은 버마, 그러니까 미얀마가 원산지입니다. 몸무게 4~8킬로그램 정도로, 중대형 고양이에 속하는 품종이지요. 샴과 닮았으나 그보다는 색깔이 좀 더 진합니다.

버만은 근육이 잘 발달해 튼튼한 인상을 갖게 합니다. 둥글고 큼직한 머리에 푸른색 눈동자가 눈길을 끌지요. 털 색깔은 다양하며 장모종에 가깝습니다. 그리고 무엇보다 특별한 개성은 두툼해 보이는 발만 다른 곳과 달리 하얗다는 점이지요. 그래서 '하얀 양말'이라는 별명을 얻기도 했습니다. 마치 다리에 흰색 양말을 신겨놓은 것 같다는 의미입니다.

버만의 성격은 차분하면서도 호기심이 많습니다. 종종 주인을 감탄하게 할 만큼 영리한 행동을 보이기도 하지요. 평균 수명은 10~13년 정도로 알려져 있습니다.

16 버미즈

원산지
미얀마(인위발생)

| 외모 특징 |
둥글둥글한 얼굴과 눈동자

| 몸무게 |
3.5~6킬로그램

| 기타 특징 |
부드럽고 윤기 나는 털

　버만처럼 미얀마가 원산지인 품종입니다. 미국으로 건너간 미얀마 토종 고양이와 샴을 교배시켜 탄생했지요. 그래서 얼핏 샴과 닮아 보이기도 합니다. 주둥이 등 몸의 일부에 난 털 색깔이 짙기 때문이지요. 하지만 버미즈는 샴보다 몸이 크고 털 색깔도 좀 더 다양합니다.

　버미즈는 단모종입니다. 털이 아주 부드럽고 윤기가 돌지요. 얼굴과 귀, 눈동자 등이 둥글둥글해 귀여운 이미지를 갖게 합니다. 그렇지만 근육이 발달해 몸을 만져보면 단단한 느낌을 주지요. 목 근육 역시 잘 발달된 모습입니다.

　버미즈의 성격은 활발한 편이며, 높은 곳에 올라가 주변을 관찰하는 행동을 즐깁니다. 사교성이 좋아 주인과 잘 지내고, 머리가 영리한 데다 호기심이 많지요. 몸무게는 3.5~6킬로그램 정도 되는 중대형 고양이입니다.

17

벵갈

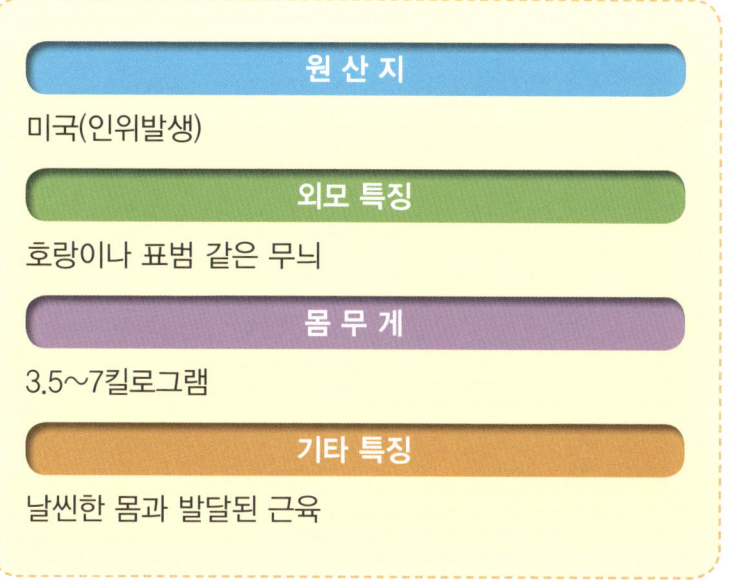

원산지
미국(인위발생)

외모 특징
호랑이나 표범 같은 무늬

몸무게
3.5~7킬로그램

기타 특징
날씬한 몸과 발달된 근육

 미국에서 살쾡이와 집고양이를 교배시켜 탄생한 품종입니다. 여러 세대를 이어 집고양이 유전자가 더 많이 더해지면서 야생성은 거의 사라졌지요. 아주 작은 호랑이나 표범 같은 외모 때문에 반려묘로 인기가 높습니다.

 벵갈은 살이 잘 찌지 않는 날씬한 몸매에 발달된 근육을 가졌습니다. 몸무게 3.5~7킬로그램 정도 되는 중대형 고양이지요. 주로 갈색, 은색, 은회색을 바탕으로 하는 벵갈의 털은 짧고 굵은 편이면서도 부드럽습니다. 얼굴, 귀, 다리 등 전체적인 체형은 집고양이와 비슷하지요.

 벵갈의 성격은 매우 활기차고 장난기가 많습니다. 영리하며, 자립심도 강하지요. 또한 살쾡이 혈통인 것을 증명하듯 사냥 본능도 뛰어납니다. 만약 집 안에 다른 반려 동물이 있다면 벵갈을 자극할 수 있지요. 그럼에도 사람에게는 온순하게 행동합니다.

18 봄베이

원 산 지
미국(인위발생)

외모 특징
온몸을 덮은 검고 매끈한 털

몸 무 게
5~7킬로그램

기타 특징
튼튼한 뼈와 발달된 근육

온몸에 윤기 나는 검은색 털이 가지런한 품종입니다. 더불어 황금색 눈동자가 아름다워 독특한 개성을 뽐내지요. 봄베이는 인도에 사는 흑표범을 연상시킨다고 해서 붙은 이름입니다. 몸을 만져보면 잘 발달된 근육을 느낄 수 있고, 가늘고 짧은 검은 털이 빼곡하게 나 있지요. 촉감은 매끄럽고 부드럽습니다.

봄베이는 몸무게 5~7킬로그램 정도 되는 중대형 고양이입니다. 얼굴 형태와 눈, 발 등이 둥글둥글해 보여 귀여운 인상이지만 뼈대는 아주 튼튼하지요. 걸음걸이도 마치 흑표범처럼 조심스러우면서 우아한 느낌을 갖게 합니다.

봄베이의 성격은 차분하고 상냥합니다. 아울러 호기심이 많고, 적응력이 뛰어나지요. 울음소리는 잘 내지 않는 편이며, 고양이 치고도 몸놀림이 민첩합니다.

19
브리티시쇼트헤어

원산지
영국(자연발생)

외모 특징
얼굴이 둥글고 볼이 통통함

몸무게
4~10킬로그램

기타 특징
짧고 굵은 목과 짧은 주둥이

영국 브리튼 섬에서 자연발생한 단모종입니다. 몸무게 4~10킬로그램으로, 뼈대가 굵고 근육이 발달한 중대형 고양이지요. 얼굴이 둥글고 볼이 통통해 귀여운 인상입니다. 그 밖에 짧고 굵은 목을 가졌으며, 안정감 있어 보이는 보통 길이의 다리가 눈에 띄지요. 짧은 주둥이와, 황금색 눈자위에 검은 눈동자도 개성 있는 모습입니다.

브리티시쇼트헤어의 털 색깔은 다양합니다. 그중에서도 푸른빛이 도는 짙은 회색이 대표적이지요. 그것은 언뜻 러시안블루와 비슷해 보이기도 합니다. 그리고 브리티시쇼트헤어는 통통한 몸매를 가진 개체가 많은 편이지요.

브리티시쇼트헤어의 성격은 순종적이고 조용합니다. 인내심도 많고, 여러 개체가 섞여 있어도 공격성을 잘 드러내지 않지요. 아울러 낯선 환경에 대한 적응력이 좋고 사람을 잘 따릅니다. 털 빠짐도 적은 편이라 반려묘로 사랑받지요.

샤트룩스

원산지
프랑스(인위발생)

외모 특징
매끈한 청회색 털과 오렌지빛 눈

몸무게
4~8킬로그램

기타 특징
짧은 다리와 작은 발

　샤트룩스는 원래 프랑스를 대표하는 단모종 고양이입니다. 그것을 사람들이 제2차 세계 대전 후 브리티시쇼트헤어 등과 교배시켜 오늘날의 샤트룩스로 개량했지요. 샤트룩스는 프랑스에 있는 수도원의 이름입니다.

　샤트룩스는 흔히 '프랑스의 귀공자'로 불립니다. 청회색의 매끈한 털이 우아함과 아름다움을 뽐내기 때문이지요. 거기에 오렌지빛이 선명한 눈도 매력 만점입니다. 샤트룩스는 4~8킬로그램 정도 되는 중형 고양이지요. 머리가 둥글고 볼이 통통하며, 몸집에 비해 다리가 짧고 발이 작아 앙증맞은 모습입니다.

　샤트룩스의 성격은 차분하고, 울음이 잦지 않습니다. 머리가 영리해 사람들이 바라는 것을 금방 알아채고는 하지요. 낯선 사람에게도 쉽게 다가갈 만큼 적응력도 좋습니다.

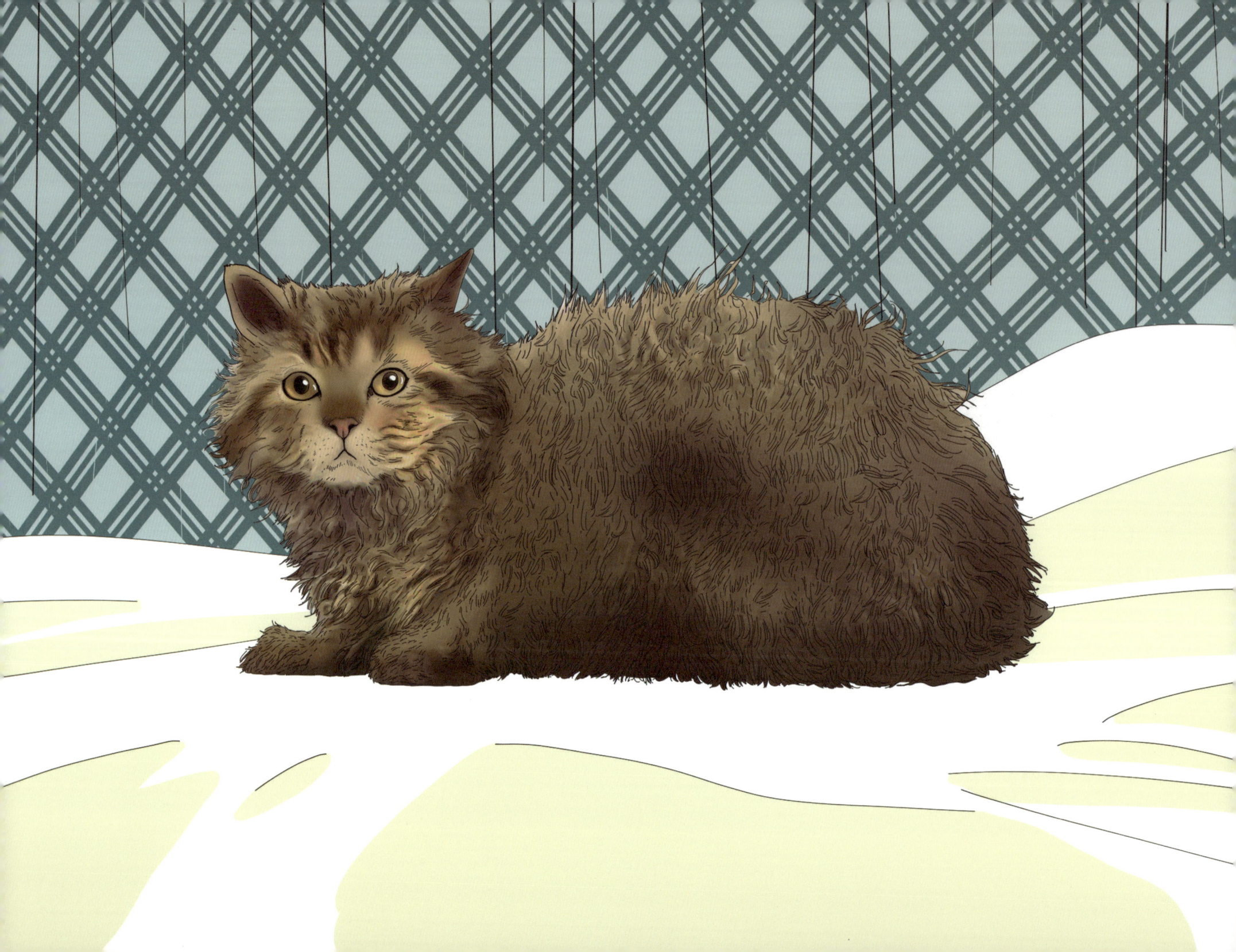

21 셀커크렉스

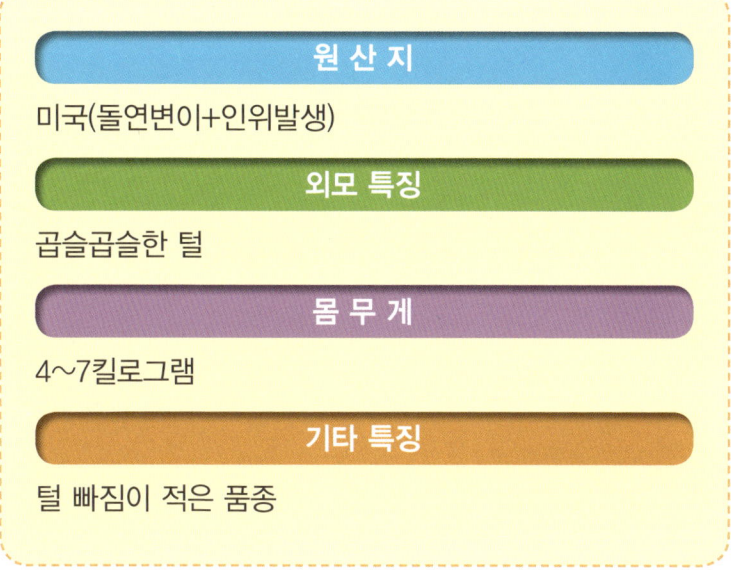

원산지 미국(돌연변이+인위발생)

외모 특징 곱슬곱슬한 털

몸무게 4~7킬로그램

기타 특징 털 빠짐이 적은 품종

곱슬곱슬한 털이 매력적인 고양이입니다. 1987년 미국에서 태어난 돌연변이 개체에 페르시안 고양이 등을 교배해 탄생시킨 품종이지요. 코니시렉스, 데본렉스와 함께 대표적인 렉스 계열 고양이입니다.

셀커크렉스는 몸무게 4~7킬로그램 정도 되는 중형 고양이입니다. 장모종과 단모종이 있는데, 어느 것이든 털이 매우 곱슬곱슬한 특징이 있지요. 그래서 일부에서는 셀커크렉스를 가리켜 '푸들고양이'라고 부르기도 합니다. 털 색깔은 화이트, 블랙, 브라운, 블루, 크림색 등 다양하지요. 무엇보다 다른 고양이 품종에 비해 털 빠짐이 적다는 점이 특징입니다.

셀커크렉스는 다른 렉스 계열에 비해 추위에 잘 적응합니다. 성격은 온순하고 차분하지요. 사람과 친숙해 적대감을 드러내는 경우도 별로 없습니다. 단, 털이 곱슬곱슬한 만큼 엉키지 않게 빗질을 자주 해줘야 한다는 사실을 명심해야 합니다.

22
스코티시폴드

원 산 지
스코틀랜드(돌연변이)

| 외모 특징 |
접힌 귀, 미간에 난 3줄의 세로무늬

| 몸 무 게 |
3~7킬로그램

| 기타 특징 |
사람에게 붙임성이 좋음

  일반적인 고양이와 다르게 귀가 말려 있는 모습을 한 품종입니다. 스코틀랜드의 한 농장에서 태어난 돌연변이 고양이가 스코티시폴드의 선조라고 할 수 있지요. 영어 단어 '폴드'에는 '접혀 있다'라는 뜻이 있습니다.

  스코티시폴드는 전체적으로 둥근 얼굴에 눈까지 크고 동그란 형태입니다. 몸매도 둥글둥글한 인상을 주며 목이 짧지요. 또한 코가 낮고, 발이 두툼한 편입니다. 양쪽 눈 사이에 털이 3줄의 세로 배열로 난 것 같은 무늬도 독특한 모습이고요.

  이 품종은 최근 들어 반려묘로 인기가 높습니다. 그 이유는 귀여운 외모와 함께 온순한 성격 때문이지요. 스코티시폴드는 잘 울지 않고 사람에게 붙임성이 좋으며, 추위에도 강합니다. 운동량도 적당한 편이라 수선스럽지 않지요.

23 스코티시폴드롱헤어

원산지
스코틀랜드(돌연변이)

외모 특징
접힌 귀, 풍성한 털

몸무게
3~7킬로그램

기타 특징
유전 질환 가능성 높음

    스코티시폴드는 장모종과 단모종이 모두 순종으로 인정받습니다. 그중 장모종인 스코티시폴드롱헤어는 반려묘로 특별한 인기를 누리고 있지요. 동화 〈장화 신은 고양이〉의 모델이라는 말이 전해지기도 합니다.

    스코티시폴드롱헤어는 말 그대로 털이 풍성해 매우 귀엽고 아름다운 외모를 자랑합니다. 목 주위에 난 풍성한 털은 얼굴을 더욱 앙증맞게 보이게 하지요. 복슬복슬한 꼬리털은 보기만 해도 포근한 느낌을 안겨주고요. 다만 털이 너무 긴 탓에 스코티시폴드의 가장 큰 특징인 접힌 귀가 도드라지지 않을 수 있다는 점은 감안해야 합니다.

    스코티시폴드롱헤어는 털이 긴 만큼 털 빠짐도 심하게 마련입니다. 또한 여느 스코티시폴드가 그렇듯 골연골이형성증 같은 유전 질환에도 주의가 필요합니다.

24 스쿠컴

원산지
미국(인위발생)

외모 특징
물결 같은 털, 짧은 다리

몸무게
4~8킬로그램

기타 특징
운동량이 많아 활달함

미국 태생의 돌연변이 라팜과 같은 돌연변이 고양이인 먼치킨을 교배해 탄생시킨 품종입니다. 라팜에게서 물결 같은 털을, 먼치킨에게서 짧은 다리의 귀여움을 물려받은 독특한 외모의 고양이지요. 역사가 얼마 되지 않은 품종이라 아직 널리 알려지지 않았지만, 스쿠컴을 한 번 본 사람들은 그 매력에 금세 빠져든다고 합니다.

스쿠컴은 몸무게 4~8킬로그램 정도 되는 중형 고양이입니다. 털 색깔은 어느 하나로 특정 짓기 어려울 만큼 다양하지요. 눈동자의 색깔도 그렇고요. 털은 웨이브가 있어 구불거리는 형태인데, 촉감은 너무 거칠거나 너무 부드럽지 않은 중간 느낌입니다.

스쿠컴의 성격은 운동량이 많아 활달하면서도 느긋한 편입니다. 사람을 잘 따라 환경 변화에도 쉽게 적응하지요. 추위에도 강하고요. 털 빠짐은 심한 편입니다.

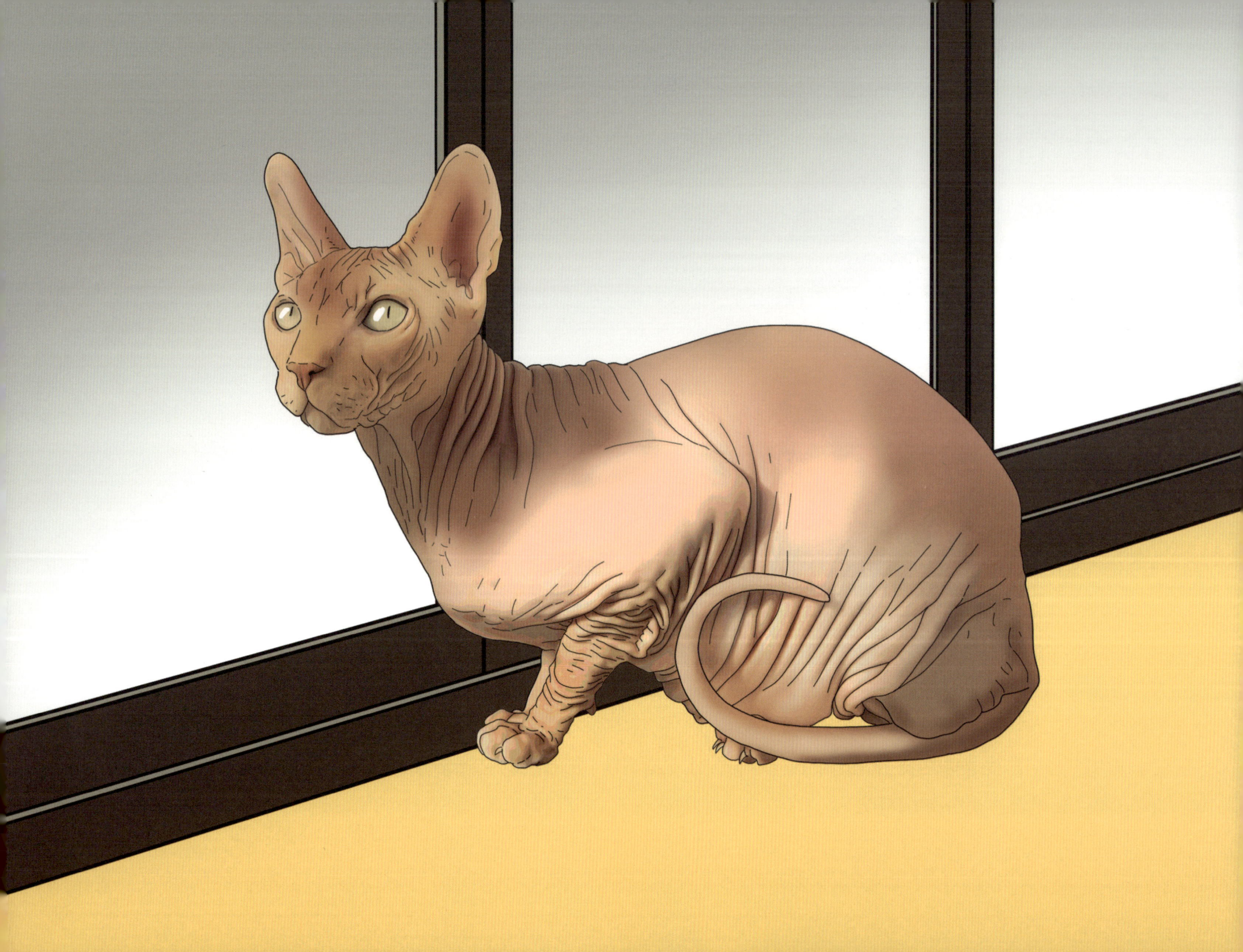

25

스핑크스

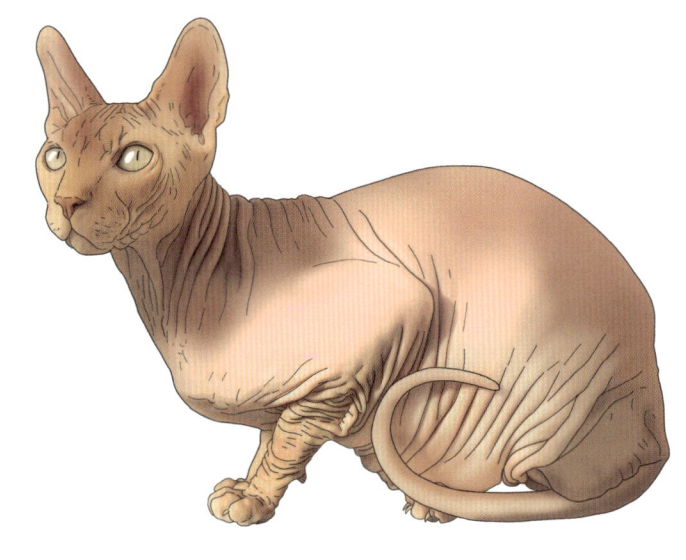

원산지
캐나다(돌연변이)

외모 특징
털이 거의 없는 피부

몸무게
4~7킬로그램

기타 특징
뜨거운 햇빛과 추위에 약함

　단모종 중 하나로, 털이 거의 없는 품종입니다. 주름까지 선명해 마치 사람의 피부처럼 보일 정도지요. 1960년대 캐나다에서 돌연변이 개체로 역사가 시작되었습니다.

　스핑크스는 개체에 따라 피부에 얼룩무늬가 있거나 없습니다. 역삼각형 얼굴을 비롯해 큰 눈과 귀도 매우 개성 있는 모습이지요. 스핑크스는 피부에 털이 없는 대신 유분기가 많은 특징을 가졌습니다. 그것으로 털을 대신해 자신의 피부를 보호하지요. 털이 적으니 당연히 털 빠짐은 별로 없지만 유분기 탓에 목욕에 신경을 써줘야 합니다.

　겉모습의 특징에서 짐작할 수 있듯, 스핑크스는 뜨거운 햇빛과 추위에 약합니다. 털이 거의 없는 만큼 피부가 잘 손상되어 야생에서 지내기는 어렵지요. 그리고 스핑크스는 외모에서 풍기는 이미지와 달리 신경질적이지 않으며 성격이 무척 온순합니다. 호기심이 많고 사람도 잘 따라 반려묘로 인기가 높지요.

26

시베리안

원산지
러시아(자연발생)

외모 특징
기름기가 많고 촘촘하게 나 있는 털

몸무게
6~10킬로그램

기타 특징
추위에 강하고 더위에 약함

러시아에서 자연발생한 품종입니다. 이름에서 알 수 있듯 시베리아에서 자생하던 고양이인데, 1980년대부터 개량되어 지금은 반려묘로 사랑받고 있습니다. 몸무게 6~10킬로그램에 이르는 중대형 고양이지요.

시베리안은 노르웨이숲 고양이와 유전적으로 가깝다고 알려져 있습니다. 추운 날씨에 적응하며 진화해 온 점도 비슷하지요. 시베리안의 경우 털 길이가 아주 길지는 않지만 기름기가 많고 촘촘하게 나 있어 추위를 견디기 안성맞춤입니다.

시베리안의 성격은 대담하면서도 침착합니다. 그와 같은 이중적 성격 역시 노르웨이숲과 닮았지요. 또한 굉장히 활동적이면서 자주 영리한 모습을 보입니다. 달리기 실력도 훌륭해 야생에서는 뛰어난 사냥 솜씨를 뽐내기도 했지요.

27 아메리칸쇼트헤어

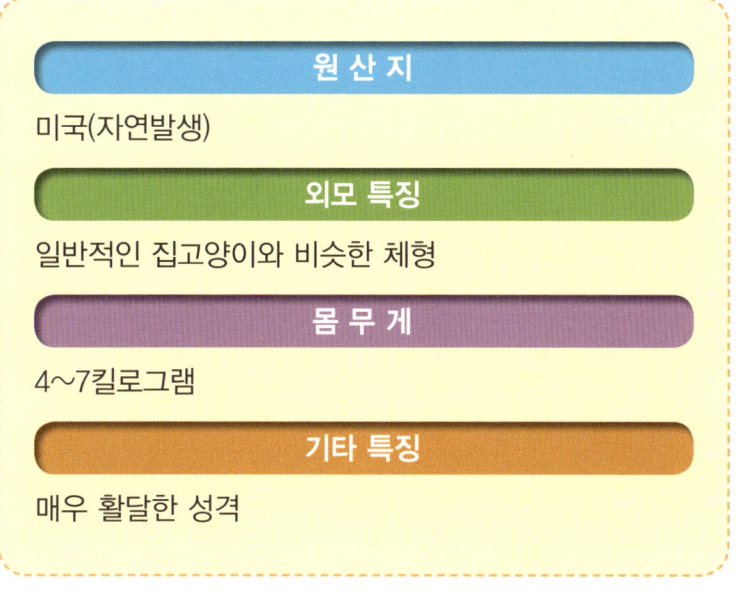

원산지
미국(자연발생)

외모 특징
일반적인 집고양이와 비슷한 체형

몸무게
4~7킬로그램

기타 특징
매우 활달한 성격

　전체적인 체형이 일반적인 집고양이와 아주 비슷한 품종입니다. 과거 신대륙으로 이주하는 사람들과 함께했던 브리티시쇼트헤어가 다른 품종과 섞여 아메리칸쇼트헤어로 탄생했지요. 털 색깔은 회색이나 갈색 바탕에 검은 줄무늬가 있는 것이 많지만, 그 밖에도 짙은 회색 등 다양한 색깔을 보입니다.

　아메리칸쇼트헤어의 몸무게는 4~7킬로그램 정도 되는 중형 고양이입니다. 몸에는 짧은 털이 촘촘히 나 있으며, 가로로 약간 넓은 둥근 얼굴을 갖고 있지요. 원래 쥐를 잡는 데 이용되었던 고양이인 만큼 근육이 발달했고 뼈대도 튼튼합니다. 유전 질환이 별로 없어 15년 이상 사는 개체도 드물지 않지요.

　아메리칸쇼트헤어는 여느 고양이보다 더 활달한 성격입니다. 종이 다른 동물들과도 스스럼없이 어울릴 만큼 친화력이 뛰어나지요. 대부분 식성도 좋다고 합니다.

28
아메리칸와이어헤어

- 원산지: 미국(돌연변이)
- 외모 특징: 곱슬곱슬하고 뻣뻣한 털
- 몸무게: 4~7킬로그램
- 기타 특징: 애교 많은 사교적 성격

　미국이 원산지인 고양이 품종입니다. 아메리칸쇼트헤어에서 태어난 새끼들 중 돌연변이를 일으킨 개체가 아메리칸와이어헤어의 조상이지요. 다른 품종에 비해 성묘로 자라는 시간이 좀 더 필요한 것으로 알려져 있습니다.

　아메리칸와이어헤어의 가장 큰 특징은 곱슬곱슬하고 단단한 털이 몸 전체를 덮고 있다는 점입니다. 손으로 만져보면 뻣뻣하면서 조금 거친 감촉이지요. 몸무게는 보통 4~7킬로그램 정도 나가는 중형 고양이입니다. 광대뼈 쪽이 넓은 편이며, 다리는 길지 않지요. 털 색깔은 아메리칸쇼트헤어보다 좀 더 다양합니다.

　아메리칸와이어헤어는 애교가 많아 사람들과 잘 어울립니다. 성격도 얌전해 여간해서는 공격성을 드러내지 않지요. 다만 사냥 본능이 남아 있어 새나 햄스터 같은 애완동물과 함께 키울 때는 주의해야 합니다.

29

아메리칸컬

원산지
미국(돌연변이)

외모 특징
바깥쪽으로 귀가 구부러져 있음

몸무게
4~7킬로그램

기타 특징
귓구멍이 작아 외이염에 취약함

  귀가 바깥쪽으로 구부러져 있는 점이 주요 특징인 고양이입니다. 어느 믹스묘의 새끼에게 나타난 자연적인 돌연변이에서 시작된 품종이지요. 막 태어났을 때는 귀가 똑바로 서 있다가 자라나면서 점점 아메리칸컬의 특징을 나타냅니다. 귀가 구부러진 정도는 개체에 따라 차이가 적지 않습니다.

  아메리칸컬은 몸무게 4~7킬로그램 정도 되는 중형 고양이입니다. 그 밖의 외형은 일반적인 고양이와 별로 다르지 않지요. 털 색깔은 흰색을 비롯해 흰 바탕에 갈색 줄무늬, 갈색 바탕에 검은 줄무늬 등 다양하고요. 또한 앞다리와 뒷다리의 길이가 비슷합니다.

  아메리칸 컬의 성격은 활동적이면서도 얌전합니다. 신경질적이지 않아 사람들과도 잘 어울려 놀지요. 귓구멍이 작아 외이염에 취약한 것은 단점입니다.

30
아메리칸컬쇼트헤어

원산지
미국(돌연변이)

외모 특징
털 짧은 아메리칸컬

몸무게
4~7킬로그램

기타 특징
털이 짧아 관리가 편리함

개성 만점 모양의 귀로 잘 알려진 아메리칸컬은 다시 아메리칸컬롱헤어와 아메리칸컬쇼트헤어로 구별할 수 있습니다. 말 그대로 장모형과 단모형으로 나누는 것이지요. 당연히 털 길이 말고는 두 종 사이에 특별한 차이점이 없습니다.

아메리칸컬쇼트헤어는 아메리칸컬의 특징을 고스란히 갖고 있습니다. 무엇보다 귀가 바깥쪽으로 구부러져 있지요. 몸무게도 4~7킬로그램 정도 나가는 중형 고양이고요.

보통 아메리칸컬이라고 하면 아메리칸컬롱헤어를 가리킵니다. 나중에 아메리칸쇼트헤어가 탄생했는데, 개체 수가 많지는 않은 편이지요. 보편적인 성격 등은 여느 아메리칸컬과 다를 바 없습니다. 오히려 아메리칸컬롱헤어에 비해 피모가 짧아 반려묘로 사육 시 털 관리가 편하다는 장점이 있지요. 자기 스스로 그루밍해 털 관리를 하기도 하고요.

31

아비시니안

원산지
에티오피아(자연발생)

외모 특징
이마에 알파벳 'M' 모양의 무늬가 있음

몸무게
3~6킬로그램

기타 특징
털에 줄무늬 등이 나타나지 않음

에티오피아에서 자연발생한 고양이를 영국에서 개량한 품종입니다. 옛날에는 에티오피아를 아비시니아라고 불렀지요. 아비시니안은 대표적인 단모종입니다. 이와 닮은 고양이 모습이 고대 이집트 벽화에 등장해 화제가 되기도 했지요.

아비시니안은 겉모습에 몇 가지 특징이 있습니다. 우선 이마에 알파벳 'M' 모양의 무늬가 나타난다는 점입니다. 귀가 크고 다리가 길며, 몸매가 날렵해 작은 맹수 같아 보이기도 하지요. 털 색깔은 주로 갈색이나 회백색 계열로 줄무늬는 보이지 않습니다. 몸무게는 3~6킬로그램 정도 나가는 중소형 고양이지요.

고양이 품종 가운데 활동적이면서 예민한 성격이라면 단연 아비시니안을 손꼽을 수 있습니다. 고양이 치고는 물놀이도 좋아하지요. 영리하고 호기심도 많아 사람들과 친숙합니다. 그렇다고 해서 아무 때나 시끄럽게 울어대는 스타일은 아닙니다.

32

소말리

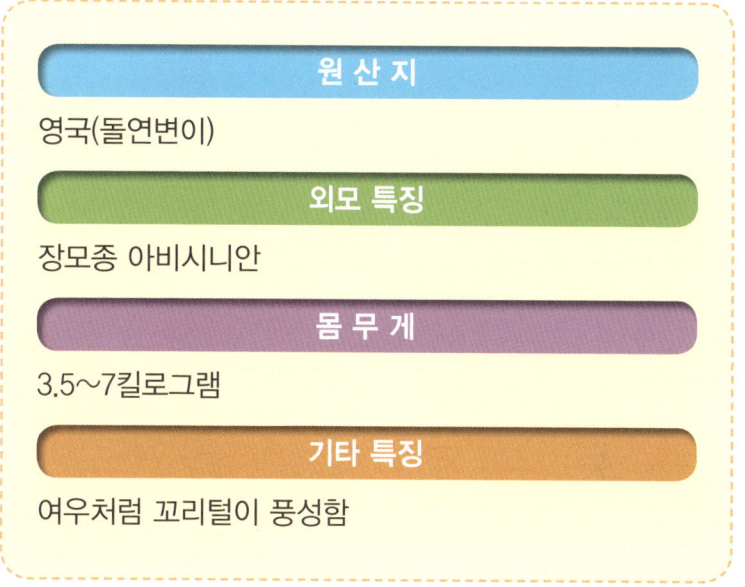

원산지
영국(돌연변이)

외모 특징
장모종 아비시니안

몸무게
3.5~7킬로그램

기타 특징
여우처럼 꼬리털이 풍성함

  '장모종 아비시니안'이라고 할 만한 품종입니다. 1950년대 아비시니안 중에서 돌연변이로 태어난 롱헤어를 독립된 품종으로 개량했지요. 원래의 아비시니안에 비해 우아한 이미지를 가졌다고 볼 수 있습니다.

  소말리의 몸무게는 3.5~7킬로그램 정도입니다. 몸매가 길고 날씬한데다 꼬리털이 풍성해 멀리서 보면 여우처럼 보이기도 하지요. 털의 촉감은 매끈하고 부드럽습니다. 아비시니안이 그렇듯 눈과 귀가 큰 편이며, 피모에 줄무늬 등은 나타나지 않습니다.

  소말리의 성격은 아비시니안과 거의 비슷합니다. 운동량이 많고, 주변의 사소한 변화에도 호기심을 보이고는 하지요. 사람도 잘 따르고요. 그런데 장모종 고양이면서도 털의 양이 많지는 않아 추위를 잘 타는 편입니다. 털 빠짐도 보통 수준이지요.

33 엑조틱쇼트헤어

원산지
미국(인위발생)

외모 특징
평평하고 납작한 얼굴

몸무게
4~7킬로그램

기타 특징
털 짧은 페르시안

　1960년대 미국에서 아메리칸쇼트헤어와 페르시안 고양이를 교배해 탄생시켰습니다. 아메리칸쇼트헤어로부터 짧은 피모와 털의 성질을, 페르시안으로부터 전체적인 체형과 성격 등을 물려받았지요. 한마디로 '털 짧은 페르시안'이라고 할까요?

　엑조틱쇼트헤어는 평평하고 납작한 얼굴이 때로는 앙증맞게, 때로는 심술궂게 보이는 특징이 있습니다. 눈은 동그랗고 주둥이가 짧으며, 귀가 작은 편이지요. 또한 다리가 짧고 몸매가 통통해 보이는 이미지입니다. 털 색깔은 다양하고요.

　엑조틱쇼트헤어은 성격이 느긋하고 부드럽습니다. 페르시안보다 조금 활동적이기는 하지만 사람 품에 가만히 안겨 있는 것도 좋아하지요. 또한 울음소리를 잘 내지 않으며, 표정이 풍부해 지켜보는 재미가 있습니다. 몸무게는 4~7킬로그램 정도 나가고, 평균 수명은 8~15년으로 알려져 있지요.

34

오리엔탈쇼트헤어

원산지
영국(인위발생)

외모 특징
다양한 색을 가진 샴 고양이

몸무게
4~6킬로그램

기타 특징
어리광을 잘 부리며, 질투심 강한 성격

　오리엔탈쇼트헤어는 좀 더 다양한 색깔과 무늬를 얻을 목적으로 샴 고양이를 개량한 품종입니다. 머리와 몸의 형태는 샴을 닮았지만 다양한 털 색깔 때문에 더욱 매력적인 모습을 갖게 됐지요. 즉 샴의 역삼각형 머리와 큰 귀, 아몬드 모양의 눈, 길고 날씬한 근육질 몸매 등은 그대로 유지하면서 우아함과 귀여움을 돋보이게 만든 것입니다.

　오늘날 오리엔탈쇼트헤어는 '고양이의 이상형' 중 하나로 손꼽히며 반려묘로서 큰 사랑을 받고 있습니다. 매우 다양한 털 색깔과 더불어 우아한 행동, 애교 많은 성격 등이 호감을 끌지요. 한마디로 보는 맛과 키우는 재미를 함께 느낄 수 있는 고양이입니다. 오리엔탈쇼트헤어는 종종 주인에게 자신의 존재감을 부각시키는 데 열중하지요. 사람에 대한 친화력이 뛰어나 자주 어리광을 부리고는 합니다. 질투심도 강한 성격이고요.

오시캣

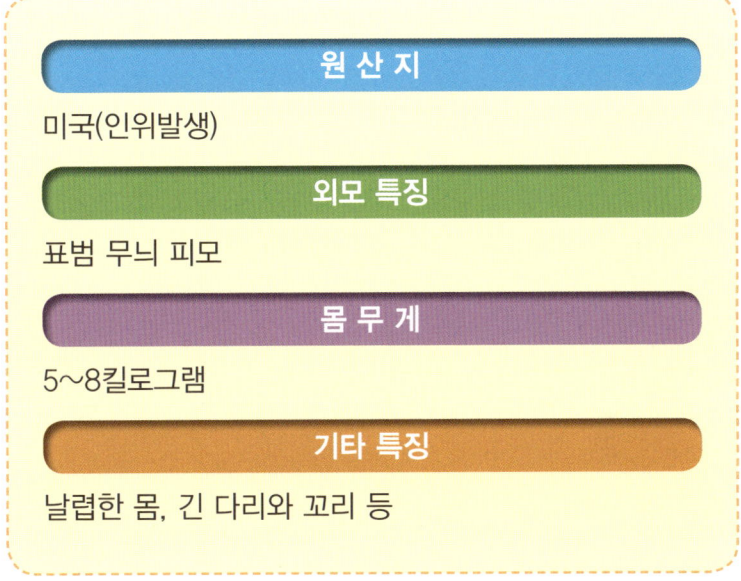

원산지
미국(인위발생)

외모 특징
표범 무늬 피모

몸무게
5~8킬로그램

기타 특징
날렵한 몸, 긴 다리와 꼬리 등

미국에서 인위적으로 탄생시킨 고양이 품종입니다. 샴과 아비시니안을 교배하는 과정에서 우연히 태어났지요. 그 후 아메리칸쇼트헤어와도 교배하는 등 좀 더 개량해 지금의 오시캣이 되었습니다.

오시캣의 겉모습에서는 가장 먼저 표범 무늬 피모가 눈길을 사로잡습니다. 야생 고양이로 오해할 수 있지만 야생의 유전자는 남아 있지 않지요. 그 밖에 오시캣은 날렵한 몸과 커다란 귀, 동그란 눈, 긴 다리와 꼬리 등이 매력적인 모습입니다. 작은 표범이라고 해도 지나치지 않을 멋진 외모를 가졌지요. 몸무게는 5~8킬로그램 정도 되는 중형 고양이입니다.

오시캣은 여느 고양이가 그렇듯 낯선 환경에서 경계심을 늦추지 않습니다. 낯도 좀 가리는 편이지요. 하지만 일단 마음을 연 사람에게는 감춰두었던 사교성을 드러내며, 작은 일에도 호기심을 보이고는 합니다.

36 이집션마우

원산지
이집트(자연발생)

외모 특징
온몸에 나 있는 아름다운 반점

몸무게
3~6킬로그램

기타 특징
달리기가 빠르고 점프도 잘함

    이집트에서 자연발생한 품종입니다. 이름에는 '이집트의 고양이'라는 뜻이 담겨 있습니다. '마우'가 이집트어로 고양이를 의미하지요. 1968년부터 혈통 있는 고양이 품종으로 널리 인정받기 시작했습니다.

    이집션마우는 단모종입니다. 몸무게는 3~6킬로그램 정도 나가는 중소형 고양이지요. 날씬한 몸매에 다리와 꼬리가 길어 걷는 모습이 매우 우아합니다. 게다가 온몸에 난 아름다운 반점이 더욱 화려한 느낌을 갖게 하지요. 시속 50킬로미터가 넘을 만큼 달리기가 빠르고 점프 실력도 탁월하다고 알려져 있습니다.

    이집션마우는 영리하고 활동적인 고양이입니다. 때로는 외모에서 풍기는 인상에 어울리게 예민한 모습을 보이기도 하지요. 처음에는 낯가림이 심하지만 한번 친해진 사람에게는 애교도 곧잘 부리는 사교적인 성격입니다.

37

재패니즈밥테일

원산지
일본(자연발생)

외모 특징
매우 짧은 꼬리

몸무게
3~6킬로그램

기타 특징
더위와 추위에 대한 적응력이 좋음

  일본에서 자연발생한 품종입니다. 유명한 고양이 장식물인 마네키네코의 모델이기도 하지요. 일본에서는 마네키네코가 행운과 부를 가져다주는 상징물로 여겨지는 만큼 재패니즈밥테일도 큰 사랑을 받아왔습니다.

  재패니즈밥테일의 겉모습에서 가장 주목받는 특징은 매우 짧고 동그란 꼬리입니다. 어딘가로 이동할 때 보면 그 모습이 방울처럼 보일 때가 있지요. '밥테일'은 바로 꼬리가 짧은 고양이를 가리키는 용어입니다. 재패니즈밥테일의 꼬리는 유전자의 영향을 받은 것이지 결코 기형이 아니지요. 꼬리 길이는 2.5~8센티미터 정도입니다.

  재패니즈밥테일은 몸무게 3~6킬로그램쯤 되는 중소형 고양이입니다. 꼬리를 제외하면 우리가 동네에서 보는 집고양이와 닮았지요. 털끝이 살짝 곱슬곱슬한 특징도 있습니다. 그 밖에 재패니즈밥테일은 사람을 잘 따르고, 환경에 대한 적응력이 뛰어납니다.

38 코니시렉스

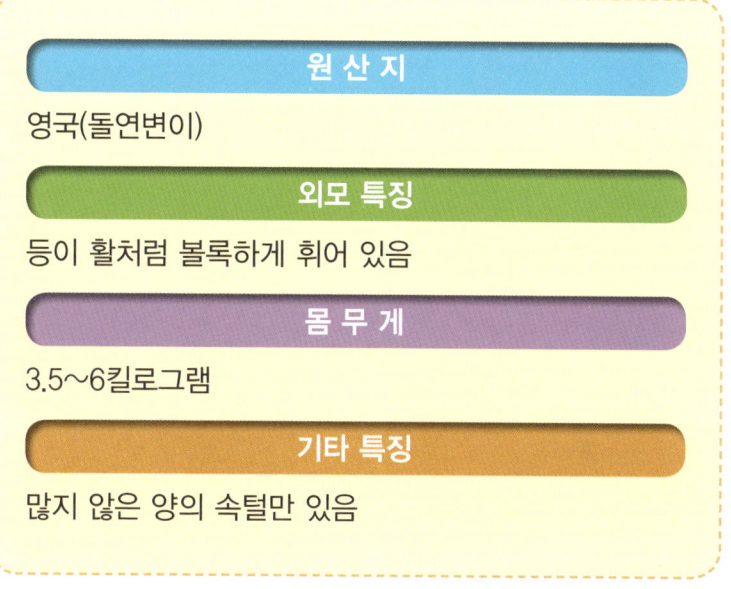

원산지
영국(돌연변이)

외모 특징
등이 활처럼 볼록하게 휘어 있음

몸무게
3.5~6킬로그램

기타 특징
많지 않은 양의 속털만 있음

데본렉스, 셀커크렉스와 함께 대표적인 렉스 계열 고양이입니다. 1950년 영국에서 곱슬곱슬한 털을 갖고 태어난 돌연변이 고양이가 이 품종의 조상이지요. 털이 가볍고 얇으며, 손으로 만졌을 때 부드러운 촉감을 느끼게 합니다. 그 대신 털의 양이 많지 않은 데다 속털만 있어 추위에 약한 단점이 있지요.

코니시렉스는 몸무게 3.5~6킬로그램 정도의 중소형 고양이입니다. 등이 활처럼 볼록하게 휘어 있는 점이 독특하지요. 그러나 꼬리와 다리는 길어 날렵한 인상입니다. 작고 좁은 머리와 커다란 귀도 개성적인 모습이고요.

코니시렉스는 대체로 조용한 성격입니다. 행동이 부산스럽지는 않지만, 활동적이면서 장난기도 적지 않지요. 영리하고 호기심이 많아 사람들과도 잘 어울립니다.

39

코라트

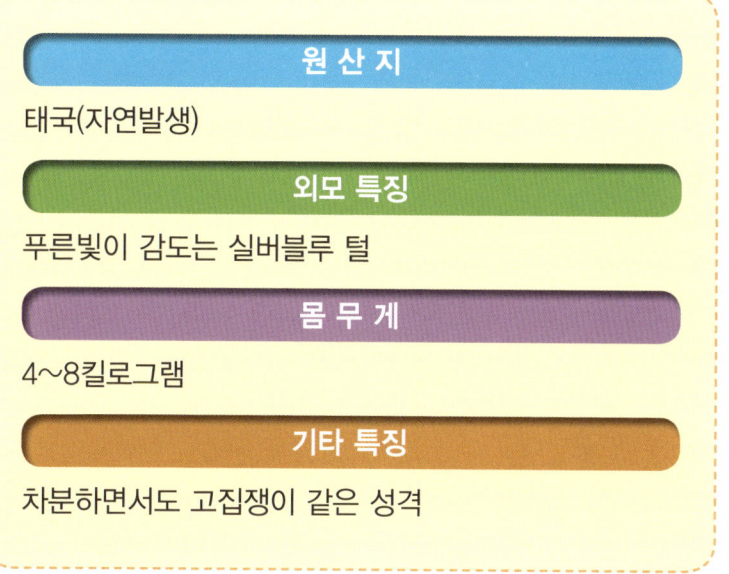

- 원산지: 태국(자연발생)
- 외모 특징: 푸른빛이 감도는 실버블루 털
- 몸무게: 4~8킬로그램
- 기타 특징: 차분하면서도 고집쟁이 같은 성격

　태국에서 자연발생한 품종입니다. 수세기 동안 원래의 모습이 잘 보존되었으며, 태국 국민에게 행운의 상징으로 사랑받는 고양이지요. 1959년 미국에 전해진 이후 반려묘로도 큰 인기를 끌기 시작했습니다.

　코라트는 몸무게 4~8킬로그램 정도인 중대형 고양이입니다. 푸른빛이 감도는 실버블루 털 색깔이 도도하면서도 아름다운 인상을 갖게 하지요. 전체적으로 윤기가 나는 데다 털 빠짐이 적다는 장점도 있습니다. 또한 눈이 동그랗고 크며, 균형 잡힌 근육질 몸으로 적극적인 활동성을 보이지요.

　코라트의 성격은 차분한 편인데, 종종 예민하게 굴며 고집쟁이 같은 면도 드러냅니다. 다른 고양이들에게 자주 경쟁심을 나타내고는 하지요. 하지만 영리하고, 사람을 잘 따릅니다.

40
터키시반

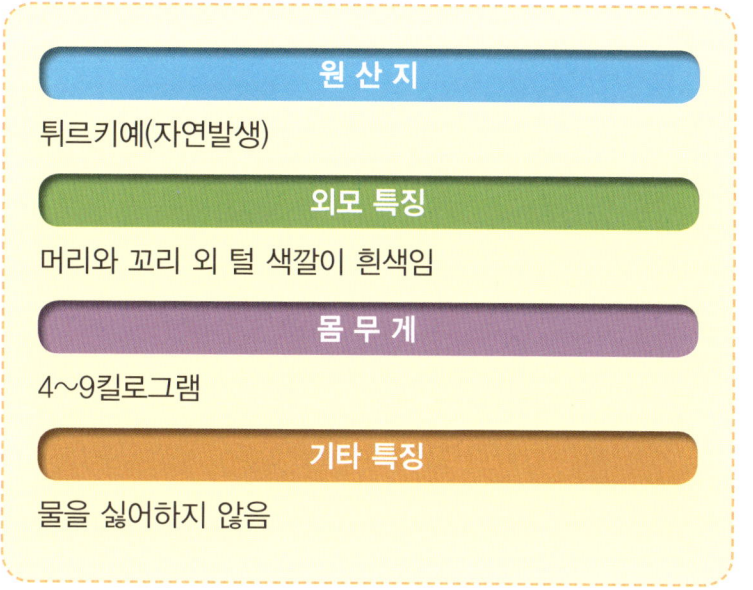

원산지
튀르키예(자연발생)

외모 특징
머리와 꼬리 외 털 색깔이 흰색임

몸무게
4~9킬로그램

기타 특징
물을 싫어하지 않음

튀르키예에서 자연발생한 품종입니다. 그곳 반(Van) 호수 주변에서 처음 발견되어 지금의 이름이 붙었지요. '터키'는 과거에 튀르키예를 일컫던 국가 명칭입니다. 이 품종은 터키시앙고라와 더불어 튀르키예를 대표하는 고양이지요.

터키시반은 여느 고양이와 달리 물을 싫어하지 않는 특성을 가졌습니다. 심지어 야생에서는 수영을 즐겼다는 일화가 전해질 정도지요. 터키시반은 장모종으로, 털 색깔이 머리와 꼬리에만 크림색이나 붉은색 반점을 띠며 나머지는 흰색으로 덮여 있습니다. 그런 모습은 '반 패턴'으로 불리는 매우 독특한 개성이지요.

터키시반은 몸무게 4~9킬로그램에 달하는 중대형 고양이입니다. 작고 둥근 얼굴에 몸매가 기다란 체형이지요. 성격은 활달하며, 낯선 사람에게 먼저 다가가 관심을 보일 만큼 호기심이 많다고 합니다.

41
터키시앙고라

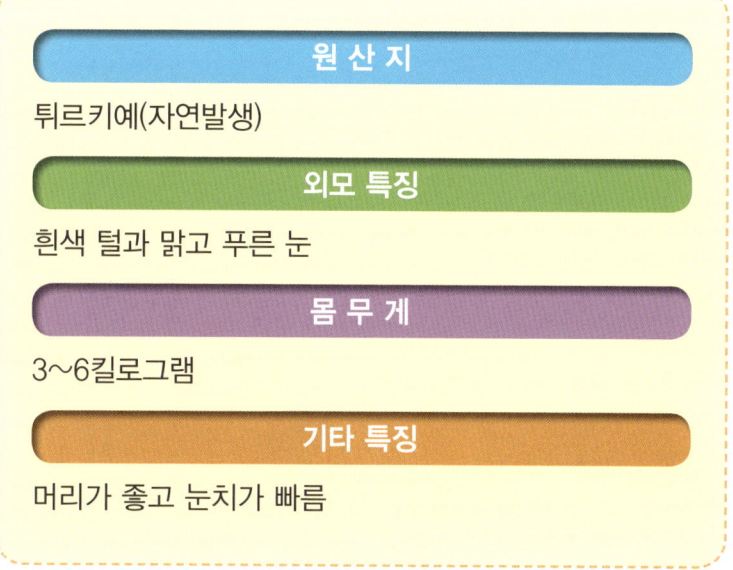

원산지
튀르키예(자연발생)

외모 특징
흰색 털과 맑고 푸른 눈

몸무게
3~6킬로그램

기타 특징
머리가 좋고 눈치가 빠름

　터키시반과 더불어 튀르키예에서 자연발생한 품종입니다. 16세기 무렵 프랑스로 전해진 뒤 귀족들을 중심으로 큰 인기를 끌었지요. 그 이유는 털이 긴 장모종인 데다, 몸 전체가 깨끗한 흰색 털로 뒤덮인 개체가 많았기 때문입니다. 거기에 맑고 푸른 눈을 가진 개체도 많아 신비감을 더했지요.

　터키시앙고라는 몸무게 3~6킬로그램 정도의 중형 고양이입니다. 과묵하고 야무져 보이는 인상에 큰 귀를 가졌지요. 늘씬한 몸에 털이 풍성한 꼬리도 눈길을 끕니다. 이따금 양쪽 눈의 색깔이 다른 오드아이 개체도 태어나 주목받지요.

　터키시앙고라는 머리가 좋고 눈치가 빠릅니다. 활달하고 장난도 즐겨 사람들에게 애교를 잘 떨지요. 좀처럼 공격성을 드러내지 않으며, 주인에 대한 애착이 강하다고 합니다.

42
통키니즈

원 산 지
캐나다 · 미국(인위발생)

외모 특징
주둥이, 귀, 발, 꼬리 등에 포인트 색상

몸 무 게
3~6킬로그램

기타 특징
낯을 가리지 않는 사교성

　캐나다와 미국에서 인위적으로 탄생시킨 품종입니다. 샴과 버만을 교배한 것으로, 피모의 전체적인 아름다움과 포인트 색이 매력적인 고양이지요.

　통키니즈는 대부분 주둥이와 눈, 귀, 발, 꼬리 등에 어두운 색상의 포인트가 있습니다. 그것이 몸통의 단조로운 색감과 대비되어 남다른 개성을 뽐내지요. 단모종이면서 털의 촉감이 부드럽다는 특징도 있고요. 그 밖에 얼굴이 둥글고 귀가 큰 편이며, 아담한 몸이 귀여운 인상을 갖게 합니다.

　통키니즈는 좀처럼 낯을 가리지 않아 사람과 친숙합니다. 지능이 높고 활동성도 풍부하지요. 다른 고양이들에게도 쉬 공격성을 드러내지 않으며 사교적인 성격입니다. 몸무게 3~6킬로그램 정도의 중형 고양이로, 비교적 좁은 공간에서도 함께하기 좋은 반려묘입니다.

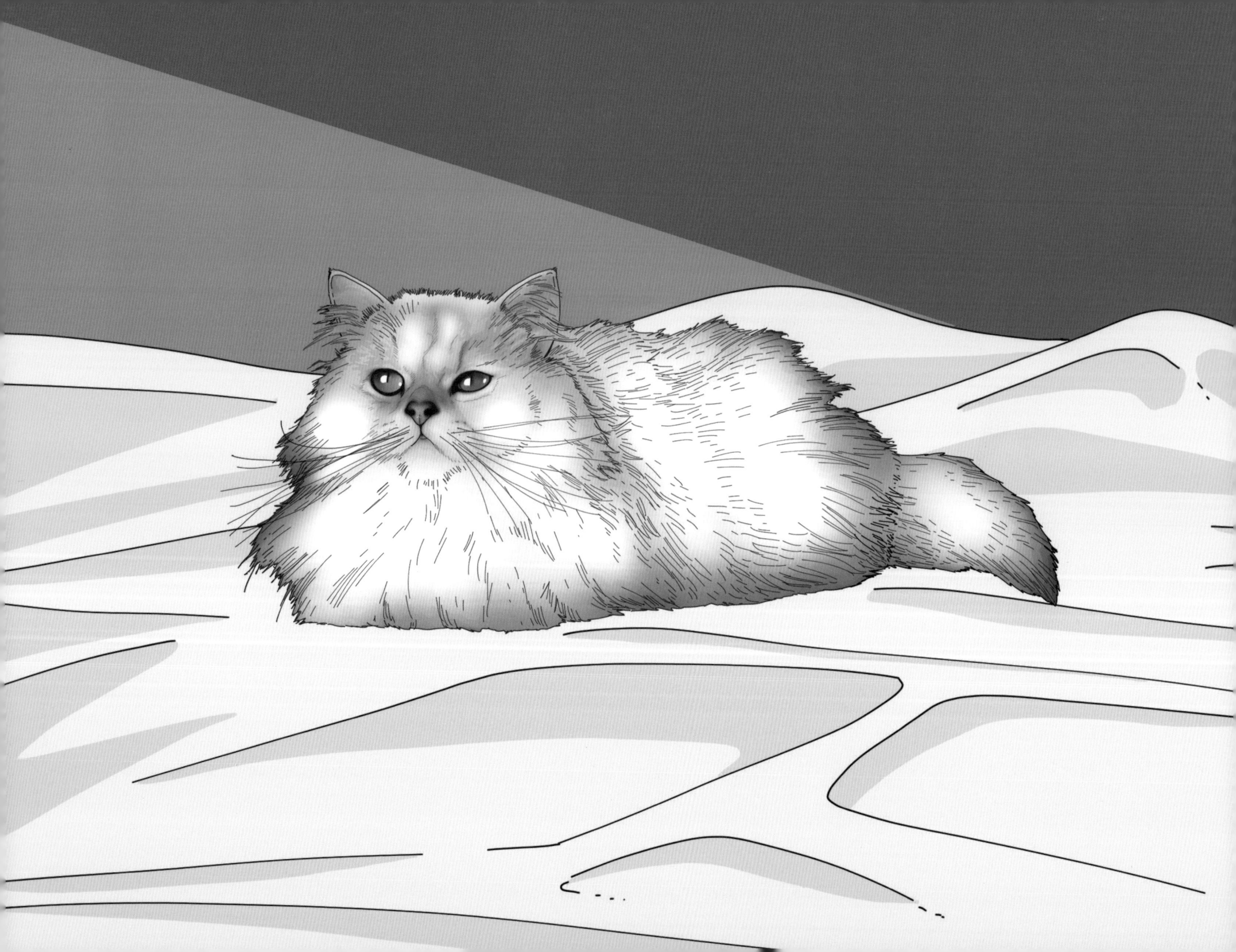

43 페르시안

원산지	페르시아(자연발생+인위발생)
외모 특징	몸 전체를 뒤덮은 길고 부드러운 털
몸무게	4~7킬로그램
기타 특징	둥근 얼굴, 짧은 주둥이, 짧은 다리

  많은 사람들에게 널리 알려진 장모종 품종입니다. 기원에 대해서는 몇 가지 설이 있는데, 이란이 페르시아로 불리던 시절부터 사육했다는 주장이 유력하지요. 그 후 유럽으로 전해져 궁정 귀부인들 사이에 큰 인기를 끌다가 지금의 모습으로 개량되었다고 합니다.

  페르시안은 몸 전체를 뒤덮은 길고 부드러운 털 외에도 둥근 얼굴과 짧은 주둥이, 짧은 다리와 꼬리 등이 특징입니다. 목과 가슴에는 장식털이 풍성해 우아함을 더하지요. 또한 눈이 둥글고 크며, 위로 들린 듯한 코가 귀여운 이미지를 갖게 합니다. 강아지에 비유하면 시추 같다고 할까요?

  페르시안은 대체로 온순하며 느긋하다고 알려져 있습니다. 그런 성격이 겉모습의 특성과 어우러져 우아한 인상을 주지요. 아울러 운동량이 별로 많지 않은데다 울음소리도 작아 수선스럽지 않습니다.

44
하바나브라운

원산지
영국(인위발생)

외모 특징
몸 전체를 뒤덮은 초콜릿색 털

몸무게
3~5킬로그램

기타 특징
작고 날렵한 인상

영국에서 샴과 러시안블루 등을 교배해 탄생시킨 품종입니다. 이 고양이의 털 색깔은 대부분 갈색빛이 나는 특징이 있지요. 개체에 따라 진한 갈색에서 적갈색까지 다양합니다. 온몸이 초콜릿 색깔로 뒤덮여 있다고 표현할 수 있지요. 게다가 털에서 광택이 나는 까닭에 기품 있는 이미지를 가졌습니다.

하바나브라운은 몸무게 3~5킬로그램 정도 되는 중소형 고양이입니다. 날씬한 몸매를 가진 단모종이며, 큰 귀에 머리 형태가 갸름한 편이지요. 한마디로 작고 날렵한 인상입니다. 전체적으로 몸의 색상이 어둡기 때문에 눈동자가 더욱 초롱초롱해 보이는 효과도 있지요.

하바나브라운은 활동량이 많고 개구쟁이 같은 모습을 자주 내보입니다. 그래서 사람에 대한 친화력이 좋고 호기심도 많지요. 털 빠짐이 적고 울음소리도 크지 않습니다.

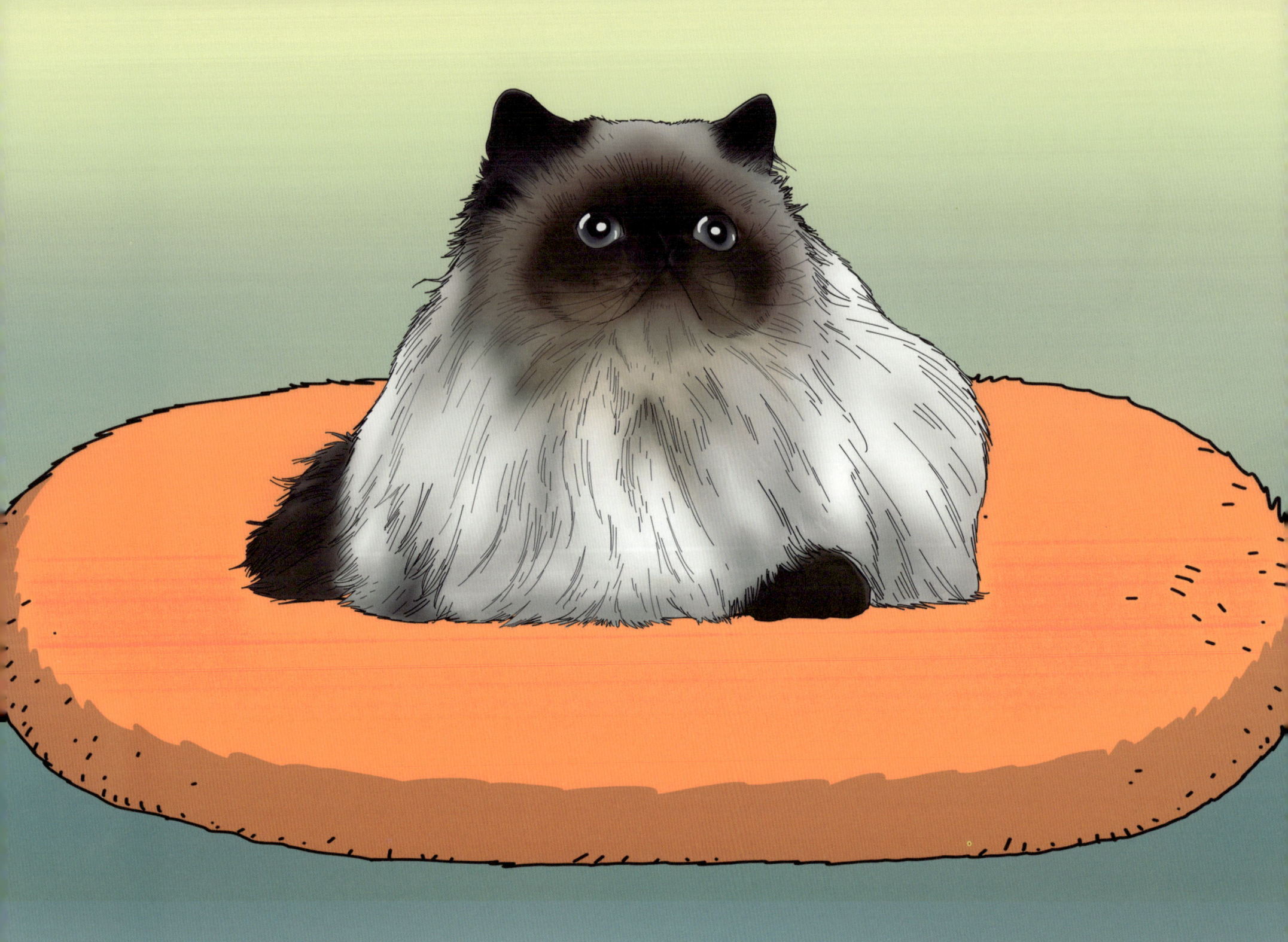

45 히말라얀

원산지
영국·미국(인위발생)

외모 특징
몸을 뒤덮은 풍성한 털

몸무게
4~8킬로그램

기타 특징
둥근 얼굴, 두꺼운 목, 납작한 주둥이

페르시안과 샴을 교배해 탄생시킨 품종입니다. 페르시안의 길고 아름다운 털과 샴의 포인트 색깔이 적절히 어우러진 고양이지요. 또 전체적인 체형은 페르시안을 닮았는데 눈매는 샴과 비슷한 특성이 있습니다.

히말라야는 머리가 조금 큰 편이며, 얼굴이 둥글고 목이 두껍습니다. 주둥이가 납작해 귀여움을 더하지요. 아울러 눈이 크고 귀가 작으며, 꼬리를 포함한 몸 전체에 긴 털이 덮여 있습니다. 털 색깔은 다양하면서 포인트 색이 있고요. 몸무게는 4~8킬로그램 정도 되는 중형 고양이입니다.

이 품종은 대부분 친근하고 다정한 성격을 지녔습니다. 행동이 느긋해 태평해 보일 때가 많지요. 실내에서 사람들과 아울려 지내는 것을 좋아하며, 여간해서는 공격성을 드러내지 않습니다. 털 빠짐은 제법 많은 편이지요.

46

코리안쇼트헤어

원산지
한국(자연발생)

외모 특징
다양한 얼룩무늬와 줄무늬

몸무게
4~8킬로그램

기타 특징
활달하면서 조심성이 많음

　한국의 토착 품종입니다. 우리 주변에서 흔히 볼 수 있는 고양이지요. 8세기 무렵 한반도에 들어온 고양이는 오랜 세월 여러 혈통이 섞여 지금의 모습으로 개량됐습니다.

　코리안쇼트헤어는 이름에서 알 수 있듯 털 길이가 짧은 편입니다. 우리나라의 겨울 날씨가 꽤 추운 것을 감안하면 뜻밖의 모습이지요. 아마도 겨울 못지않게 긴 여름 날씨에도 적응한 결과로 보입니다. 코리안쇼트헤어의 털 색깔은 다양하면서도 얼룩무늬나 줄무늬가 많습니다. 눈 색깔 역시 밝은 갈색, 황금색, 주황색 등 다채롭지요. 오드아이를 가진 개체도 간간이 볼 수 있고요.

　코리안쇼트헤어의 몸무게는 4~8킬로그램 정도로 중대형입니다. 대개 활달하면서 조심성이 많지요. 반려묘인지, 야생에서 살아가는 개체인지에 따라 성격이 천차만별입니다. 가정에서는 여느 품종 못지않게 사람에 대한 친화력이 좋지요.

47

네벨룽

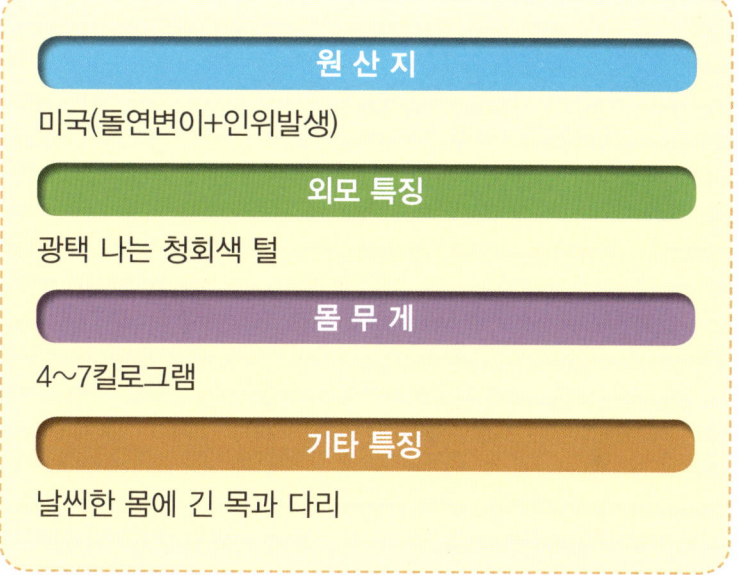

원 산 지
미국(돌연변이+인위발생)

외모 특징
광택 나는 청회색 털

몸 무 게
4~7킬로그램

기타 특징
날씬한 몸에 긴 목과 다리

　미국에서 역사가 시작된 장모종 품종입니다. 1980년대 초 태어난 러시안블루의 돌연변이 개체에 아메리칸쇼트헤어를 교배해 탄생시켰지요. 이름은 독일 신화 '니벨룽겐의 노래'에서 유래했습니다. '안개의 창조물'이라는 뜻이 담겨 있지요.

　네벨룽은 장모종이지만 털이 아주 길지는 않습니다. 털 색깔은 대부분 청회색을 띠며 부드러운 감촉이지요. 그런 멋진 모습에 전체적인 체형이 날씬하고 목과 다리가 길어 걸음걸이가 우아해 보입니다. 갸름한 얼굴에 크고 뾰족한 귀, 황록색으로 반짝이는 동그란 눈이 그와 같은 이미지를 더욱 강하게 만들어주지요.

　네벨룽은 몸무게 4~7킬로그램 정도 되는 중형 고양이입니다. 성격은 대체로 온화하며, 주인에게 남다른 친밀감을 갖지요. 머리가 영리하고 호기심도 많습니다. 또한 높은 곳에 올라가 주변을 살피는 것을 좋아하지요.

브리티시롱헤어

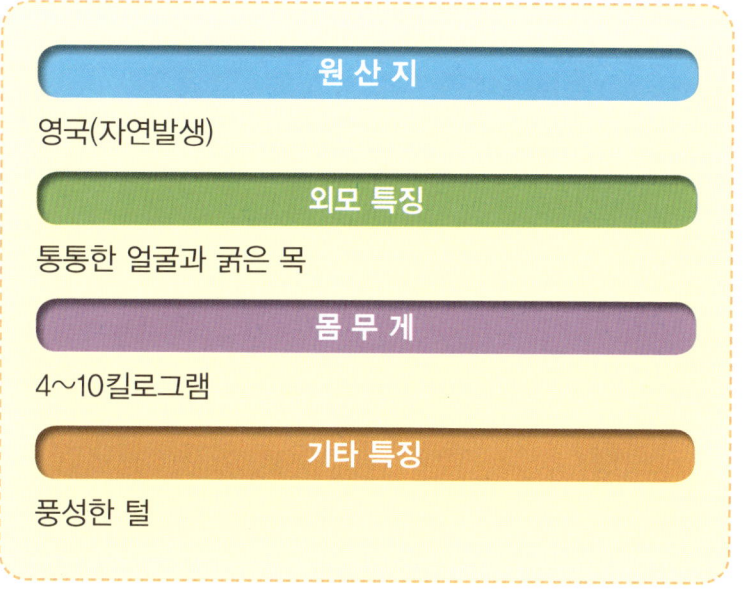

원산지
영국(자연발생)

외모 특징
통통한 얼굴과 굵은 목

몸무게
4~10킬로그램

기타 특징
풍성한 털

　브리티시쇼트헤어는 영국 브리튼 섬에서 자연발생한 단모종입니다. 그것을 개량한 장모종이 브리티시롱헤어지요. 터키시 앙고라에 페르시안 같은 장모종을 교배해 탄생시켰습니다. 그렇지만 브리티시롱헤어의 털이 아주 길지는 않지요.

　브리티시롱헤어는 장모종인 점을 제외하면 브리티시쇼트헤어와 겉모습이 아주 흡사합니다. 짧고 굵은 목에 보통 길이의 다리, 둥글고 통통한 얼굴이 눈길을 끌지요. 더불어 짧은 주둥이가 귀여움을 더하는 것도 똑같습니다. 털이 길어 품에 안으면 복슬복슬한 느낌을 전하는 장점도 있고요.

　그런데 브리티시롱헤어를 키울 때는 풍성한 털 때문에 자주 빗질을 해줘야 하는 번거로움이 있습니다. 털 날림도 심할 수밖에 없지요. 그런 단점에도 불구하고 브리티시롱헤어는 사회성이 좋아 반려묘로 인기가 높습니다.

49
유러피안쇼트헤어

원산지
스웨덴(자연발생)

외모 특징
근육이 발달된 튼튼한 몸

몸 무 게
5~8킬로그램

기타 특징
사교성 좋은 성격

　유러피안쇼트헤어는 유럽의 가정이나 길거리에서 흔히 볼 수 있는 품종입니다. 그 지역의 코리안쇼트헤어라고 일컬을 만하지요. 유러피안쇼트헤어의 원산지는 스웨덴으로 알려져 있습니다. 고대 로마 시대를 거치며 유럽 전역으로 영역을 넓혔지요.

　유러피안쇼트헤어는 근육이 잘 발달된 중대형 고양이입니다. 몸무게가 5~8킬로그램 정도 되지요. 털의 길이는 짧고 색깔이 다양한데, 줄무늬 패턴이 제법 많습니다. 머리와 눈이 둥글어 동글동글한 인상이며, 보통 길이의 수염을 가졌지요.

　옛날에 이 고양이는 유럽에서 쥐를 잘 잡기로 유명했습니다. 매우 활달한 성격이라 사람과도 금방 가까워져 친숙하게 지내지요. 다른 고양이들뿐만 아니라, 심지어 개들과도 스스럼없이 어울리는 사교성 좋은 성격입니다.

50

캄풍헨셈

원산지
말레이시아(자연발생)

외모 특징
균형 잡힌 몸과 두툼한 발

몸무게
4~6킬로그램

기타 특징
대범한 성격, 사냥 실력이 뛰어남

　말레이시아가 원산지인 품종입니다. 얼굴이 둥글고 귀가 큰 편이며, 몸매에 군살이 없어 날렵한 모습이지요. 얼핏 코리안 쇼트헤어와 닮아 보이기도 합니다. 말레이시아에서는 흔히 볼 수 있는 고양이지요.

　캄풍헨셈은 단모종으로 털을 만지면 부드러운 촉감입니다. 몸무게 4~6킬로그램 정도의 중형 고양이지요. 주둥이 길이는 보통이며, 아몬드 형태의 눈을 가졌습니다. 털 색깔은 다양한데 줄무늬가 있는 개체가 많지요. 균형 잡힌 몸이 단단해 보이며, 두툼한 발로 미루어 야생에서 사냥 실력이 좋았을 것으로 짐작됩니다. 실제로 이 고양이는 쥐나 뱀을 비롯해 바퀴벌레까지 잘 잡았다고 하지요.

　캄풍헨셈은 겁이 없는 대범한 성격입니다. 활동력이 왕성하고 호기심이 많지요. 반려묘로 키우면 사람도 잘 따른다고 합니다.

51

피터벌드

원산지
러시아(인위발생)

외모 특징
털이 거의 없거나 아주 짧음

몸무게
4~6킬로그램

기타 특징
날씬한 몸, 긴 목, 길쭉한 다리

　러시아가 원산지인 품종입니다. 1994년 돈스코이와 오리엔탈쇼트헤어를 교배해 탄생시켰지요. 매우 세련된 이미지를 가져 반려묘로 인기가 높습니다.

　피터벌드는 날씬한 몸에 긴 목, 길쭉한 다리를 가져 우아한 모습을 자랑합니다. 얼굴도 역삼각형으로 날렵한데다 귀가 크고 눈이 동그랗지요. 아울러 군살 없는 근육질 몸매라 민첩하게 행동하는 특성도 있습니다. 특히 털이 거의 없는 유형부터 아주 짧은 털이 촘촘하게 나 있는 유형까지 개성 만점의 외모를 가졌지요. 언뜻 스핑크스와 닮아 보이기도 합니다.

　피터벌드의 성격은 겉보기와 달리 사교적이고 호기심이 많습니다. 주인과 잘 어울려 지내며 친화력이 좋지요. 다만 반려묘로 키울 때는 피부가 건조해지는 것과 추위에 각별히 신경 써야 합니다. 그 밖에 건강에는 큰 문제가 없는 품종입니다.

52

민스킨

원산지
미국(인위발생)

외모 특징
작은 몸

몸무게
2~3킬로그램

기타 특징
수염을 비롯해 털이 없거나 아주 짧음

    미국에서 짧은 다리가 돋보이는 먼치킨과 미얀마 고양이인 버미즈를 교배해 탄생시킨 품종입니다. 그 후 털 없는 스핑크스와 데본렉스의 유전자가 더해져 오늘날의 모습을 갖추었지요. 세계적으로 개체 수가 매우 적다고 알려져 있습니다.

    민스킨은 대부분 털이 없거나 아주 짧은 털을 가진 특징을 가졌습니다. 게다가 몸이 작아 몸무게가 대개 2~3킬로그램에 불과한 소형 고양이지요. 그리고 몸집에 비해 머리가 크고 다리가 짧아 앙증맞은 모습입니다. 큰 귀와 동그란 눈, 도톰한 발도 귀여움을 더하지요. 수염도 짧으며, 수염이 잘 보이지 않는 개체도 있습니다.

    비록 체구는 작지만, 민스킨은 똑똑하고 사교성 좋은 사랑스런 고양이입니다. 쓸데없는 울음소리를 내지 않고, 사람이나 다른 동물들을 친숙하게 대하지요. 때로는 고집쟁이 같은 성격을 내보이기도 합니다.

53 라이코이

원산지
미국(자연발생+돌연변이)

외모 특징
촘촘하지 않은 털

몸무게
3~6킬로그램

기타 특징
늑대와 비슷한 털 색깔

　미국에서 자연발생한 토착 고양이들 중 돌연변이로 탄생한 품종입니다. '리코이'라고도 하는데, '늑대 고양이'라는 별명으로 알려져 있지요. 이 고양이는 2016년 이후에야 정식 고양이 품종으로 인정받았습니다.

　라이코이는 털로 완전히 덮인 것도 있지만 대개는 털이 듬성듬성 나 있는 모습입니다. 일시적 현상이지만 스핑크스처럼 털이 거의 없는 개체도 있지요. 털 색깔은 검은 털과 흰 털이 섞여 회색으로 보이는 경우가 많습니다. 그 모습이 언뜻 늑대와 닮았지요. 몸무게는 3~6킬로그램 정도 되는 중형 고양이이며, 귀가 크고 동그란 눈을 가졌습니다.

　라이코이는 호기심이 아주 많은 성격입니다. 주변에서 일어나는 작은 변화에도 재빨리 관심을 보이고는 하지요. 또 자기가 원하는 것이 있으면 망설임 없이 울음소리로 표현하며, 사람에게 쉽게 친밀감을 드러냅니다.

54 스노우슈

원산지
미국(인위발생)

외모 특징
흰 양말을 신은 것 같은 하얀 발

몸무게
3~6킬로그램

기타 특징
푸른 눈동자

미국이 원산지인 희귀 품종입니다. 미국에서 샴과 아메리칸쇼트헤어를 교배해 탄생시켰지요. 1994년 정식 품종으로 인정받았지만, 이 고양이의 특성을 지닌 개체는 그 수가 아주 적습니다. 이름에서 짐작하듯, 스노우슈의 가장 특별한 개성은 하얀 발이지요.

스노우슈는 몸무게 3~6킬로그램 정도 되는 중형 고양이입니다. 광대가 발달한 둥근 얼굴에 보통 크기의 귀와 동그란 눈을 가졌지요. 눈동자는 푸른빛을 띠고요. 털은 단모종이며, 색깔이 다양합니다. 피모에 나타나는 무늬 또한 다채롭지요. 그런데 어느 경우에나 흰색 양말을 신은 것처럼 발이 하얗다는 공통점이 있습니다.

스노우슈의 평균 수명은 15~20년으로 고양이 치고는 장수하는 편입니다. 성격은 다정하고 온순하지요. 또한 머리가 영리하며, 사람들과 함께하는 것에 거부감을 보이지 않습니다.

55
픽시밥

원산지
미국(자연발생)

외모 특징
밥캣의 유전자를 받은 야성적 이미지

몸무게
5~8킬로그램

기타 특징
잘 발달된 근육과 단단한 뼈대

　미국이 원산지인 품종입니다. 1980년대, 야생의 밥캣과 집고양이 사이에서 태어난 개체로부터 이 고양이의 역사가 시작됐지요. 사람들이 인위적으로 교배해 탄생시켰다기보다는 자연발생에 가깝다고 말할 수 있습니다.

　픽시밥은 몸무게 5~8킬로그램 정도 되는 중대형 고양이입니다. 장모종, 단모종 모두 존재하며 밥캣의 유전자를 받아 야성적인 이미지를 풍기지요. 털 색깔은 갈색 바탕에 짙은 반점이나 줄무늬가 많고요. 몸에 근육이 발달했으며 뼈대도 단단한 편입니다. 특이하게 꼬리 길이가 5센티미터 남짓한 것부터 일반적인 고양이 꼬리 길이까지 다양하지요.

　픽시밥은 대담하고 활동적인 성격입니다. 또한 사교성이 뛰어나 사람들과 금방 친해집니다. 지능이 높고, 호기심과 장난기가 많은 고양이지요.

56 토이거

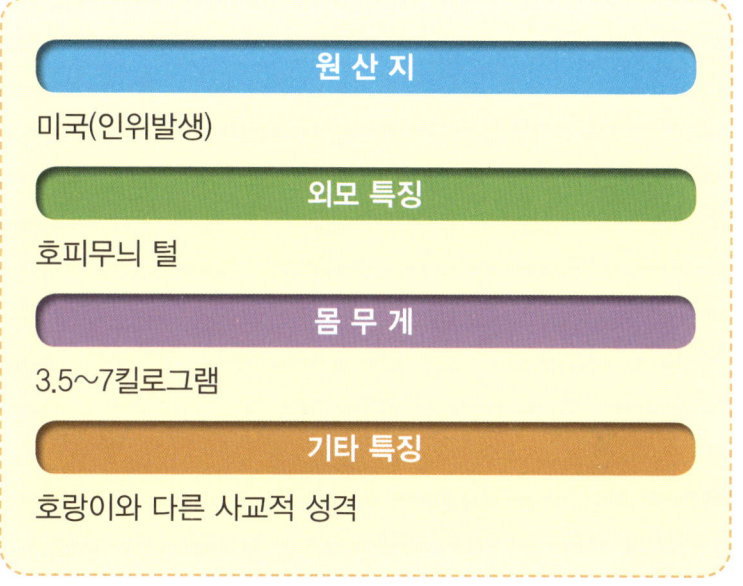

원산지
미국(인위발생)

외모 특징
호피무늬 털

몸 무 게
3.5~7킬로그램

기타 특징
호랑이와 다른 사교적 성격

　1980년대 미국에서 인위적 교배를 통해 탄생시킨 품종입니다. 호피무늬를 가진 벵갈과 아메리칸쇼트헤어 사이에서 태어난 개체로부터 역사가 시작됐지요. 호랑이같이 생긴 고양이를 만들려는 인간의 의도가 반영된 품종입니다. 그래서 '장난감 호랑이'라는 의미를 담아 이름을 짓기도 했지요.

　토이거는 털 색깔이 호피무늬라는 점이 가장 큰 특징입니다. 단모종으로, 몸무게 3.5~7킬로그램 정도 되는 중형 고양이지요. 미니 호랑이답게 근육이 발달했고 뼈대도 튼튼합니다. 작은 얼굴에 보통 크기의 귀, 윤곽이 뚜렷한 주둥이도 개성 있지요. 아울러 발이 두툼한 편이며, 꼬리가 기다랗습니다.

　토이거는 호랑이를 닮은 외모와 달리 사교적이라 경계심이 별로 없습니다. 영리하고 호기심이 많아 사람들과도 잘 지내지요. 활동적이지만, 때로는 느긋한 면을 보이기도 합니다.

57
사바나캣

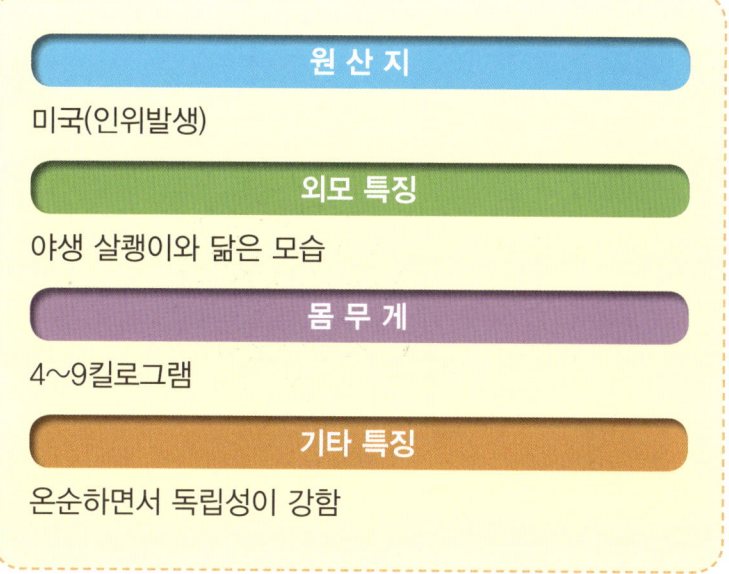

- **원산지**: 미국(인위발생)
- **외모 특징**: 야생 살쾡이와 닮은 모습
- **몸무게**: 4~9킬로그램
- **기타 특징**: 온순하면서 독립성이 강함

흔히 '아프리카살쾡이'라고 부르는 '서벌'이라는 고양이가 있습니다. 야생에서 단독 생활을 하며 다양한 동물을 사냥해 먹잇감으로 삼지요. 그와 같은 서벌 수컷과 반려묘로 사랑받는 샴 암컷을 교배해 탄생시킨 품종이 다름 아닌 사바나캣입니다.

사바나캣은 얼핏 서벌과 닮은 외모를 가졌습니다. 몸무게 4~9킬로그램 정도 되는 중대형 고양이지요. 개체에 따라 15킬로그램 안팎까지 자라는 경우도 있고요. 털 색깔은 주로 갈색이나 황갈색이며, 검은색과 회색 털이 반점이나 줄무늬 형태로 섞여 있습니다. 야생 살쾡이처럼 머리가 작고 몸이 날렵하며 큰 귀와 둥근 눈을 가진 개성 있는 모습이지요.

그런데 사바나캣은 서벌과 달리 성격이 온순한 편입니다. 서벌처럼 독립성이 강하기는 하지만 사람과 어울리는 것도 즐기지요. 여느 반려묘 못지않게 애교도 많습니다.

58

재패니즈밥테일롱헤어

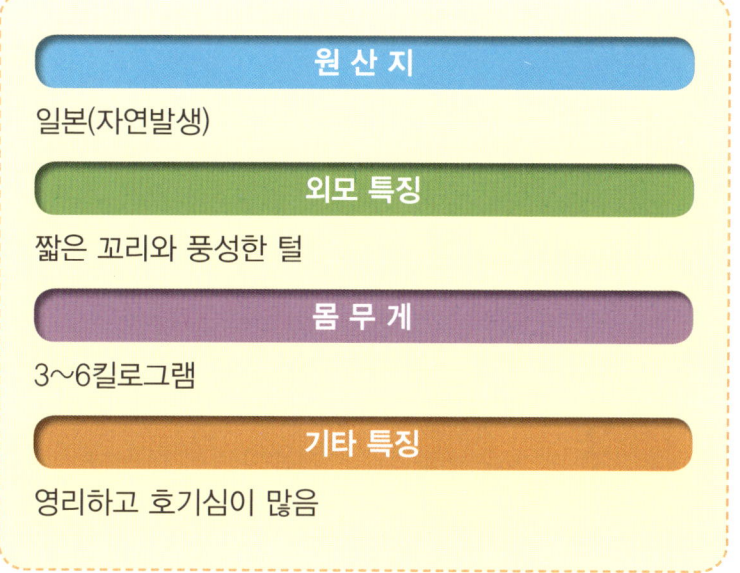

원산지
일본(자연발생)

외모 특징
짧은 꼬리와 풍성한 털

몸무게
3~6킬로그램

기타 특징
영리하고 호기심이 많음

 재패니즈밥테일은 일본에서 자연발생한 품종입니다. 이름에서 짐작할 수 있듯 매우 짧고 동그란 꼬리를 가졌지요. '밥테일'은 꼬리가 짧은 고양이를 가리키는 용어로, 재패니즈밥테일이 활동할 때 보면 꼬리 모습이 마치 동그란 방울처럼 보이고는 합니다. 그와 같은 고양이 중 긴 털을 가진 품종을 특별히 재패니즈밥테일롱헤어라고 부르지요.

 재패니즈밥테일은 롱헤어와 쇼트헤어 두 종류로 구분합니다. 어느 경우든 매우 영리한 모습을 보이며, 호기심과 애교가 많지요. 그래서 일본에서는 오래전부터 행운의 상징으로 여겨 왔습니다. 그런 까닭에 고양이 장식물인 마네키네코의 모델이 되기도 했고요.

 재패니즈밥테일롱헤어는 몸무게가 3~6킬로그램쯤 되는 중소형 고양이입니다. 장모종이지만 털 빠짐은 심하지 않은 편이지요. 사회성이 좋아 반려묘로 키우는 데도 문제가 없습니다.

59

오리엔탈롱헤어

원산지
영국(인위발생+돌연변이)

외모 특징
역삼각형 머리와 큰 귀, 아몬드 모양의 눈

몸무게
4~6킬로그램

기타 특징
각양각색의 털 색깔과 문양

　오리엔탈은 샴을 개량한 품종입니다. 영국에서 인위적 교배를 통해 탄생시켰지요. 일찍이 1970년대에 정식 품종으로 승인되었으며, 오리엔탈쇼트헤어와 오리엔탈롱헤어 두 종류로 구분합니다. 오리엔탈쇼트헤어가 먼저 등장했고, 그 후 돌연변이를 통해 오리엔탈롱헤어가 세상에 나왔지요.

　오리엔탈롱헤어는 오리엔탈쇼트헤어에 비해 상대적으로 개체 수가 적어 더 귀하게 여겨지고는 합니다. 역삼각형 머리와 큰 귀, 아몬드 모양의 눈, 길고 날씬한 근육질 몸매 등이 만들어내는 우아함은 오리엔탈쇼트헤어와 다르지 않지요. 저마다 각양각색의 털 색깔과 문양을 가졌다고 할 만큼 개체마다 개성이 넘치기도 하고요.

　오리엔탈롱헤어는 혼자 지내는 시간을 별로 좋아하지 않습니다. 항상 주인과 함께하고 싶어 하지요. 그만큼 사회성이 발달했고, 질투심도 많은 고양이입니다.

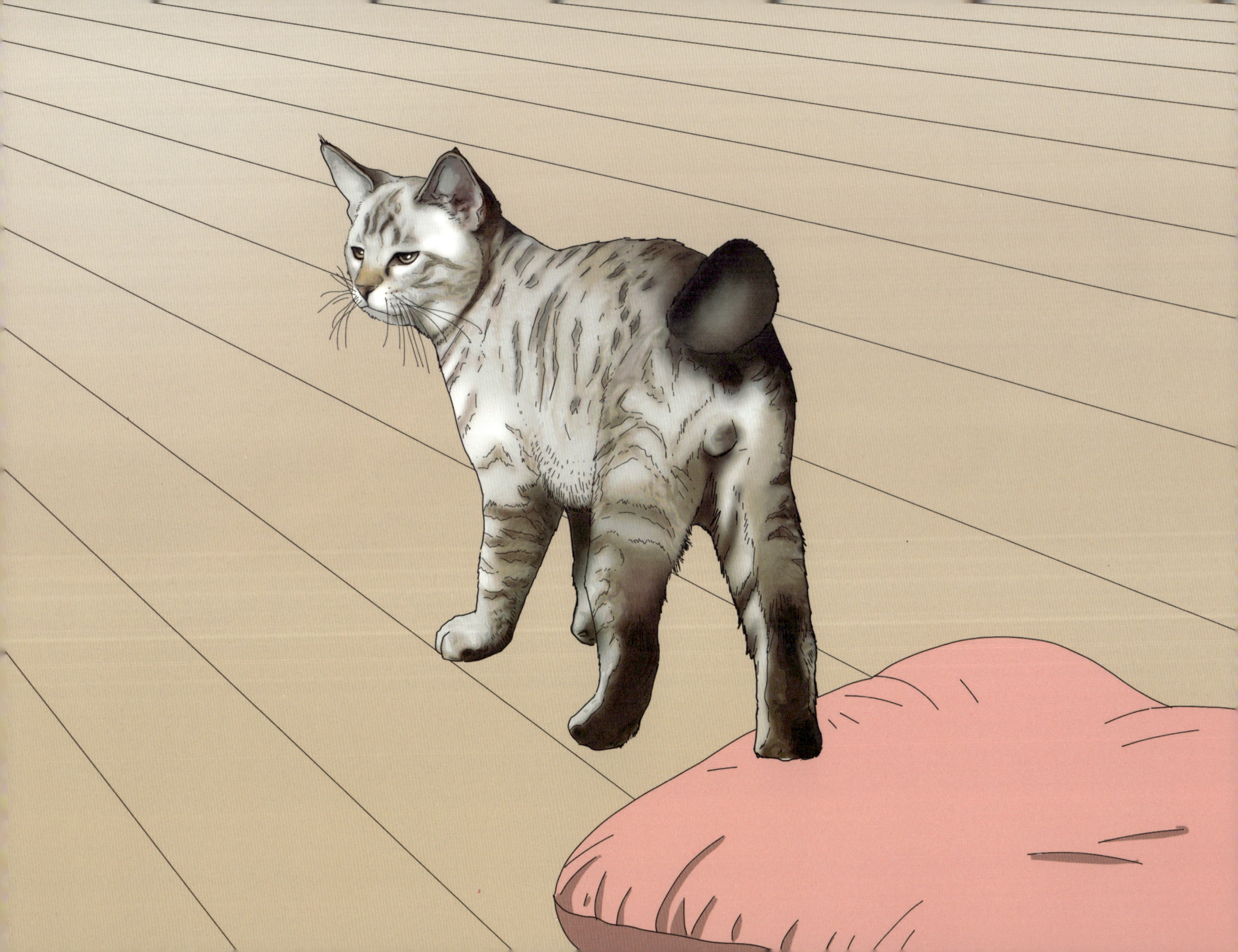

60 아메리칸밥테일

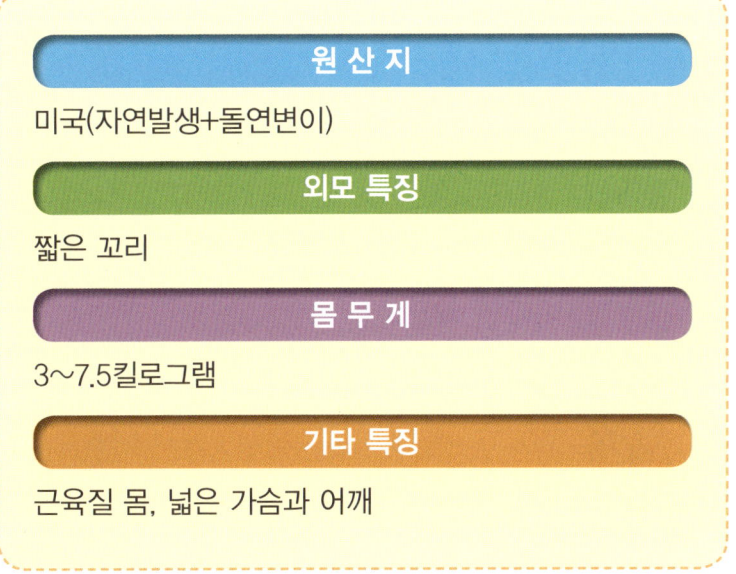

원산지
미국(자연발생+돌연변이)

외모 특징
짧은 꼬리

몸무게
3~7.5킬로그램

기타 특징
근육질 몸, 넓은 가슴과 어깨

  미국이 원산지인 여러 고양이 품종 중 하나입니다. 자연 상태에서 밥캣과 집고양이의 이종 교배를 통해 태어난 개체들이 대를 이어가며 돌연변이를 일으켜 탄생했지요. 생김새가 얼핏 야생 고양이 같아 보이지만 오랜 시간 사람들과 함께해온 반려묘입니다.

  아메리칸밥테일은 이름에서 알 수 있듯 유난히 꼬리가 짧은 특징이 있습니다. 그 길이는 2~10센티미터 정도로 다양하지요. 모양도 개체마다 다르고요. 또한 아메리칸밥테일은 대부분 단모종이며, 털 색깔이 다채롭습니다. 근육질 몸매에 가슴과 어깨가 발달했지요. 뒷다리 길이가 앞다리에 비해 짧은 편이라 더 앙증맞은 인상입니다.

  아메리칸밥테일은 몸무게 3~7.5킬로그램쯤 되는 중대형 고양이입니다. 성격은 온순하고 느긋하며, 적응력이 뛰어나지요. 또한 혼자 있기보다 사람들과 어울리는 것을 좋아합니다.

61
버밀라

원산지
영국(자연발생)

외모 특징
둥근 머리, 짧은 주둥이, 아담한 귀

몸무게
3.5~6킬로그램

기타 특징
사람들과 교감하는 것을 좋아함

　친칠라와 버미즈의 이종 교배를 통해 자연발생한 품종입니다. 1984년부터 순종 버밀라가 정식 품종으로 인정받았지요. 원산지인 영국에서는 한때 최고의 고양이 품종으로 선정되기도 했습니다.

　버밀라의 외모는 버미즈 쪽을 더 닮았습니다. 둥근 머리와 짧은 주둥이, 아담한 귀, 아몬드 형태의 눈 등이 그렇지요. 한편 털 색깔이 다양하면서도, 많은 개체가 은빛으로 반짝이는 털을 가진 모습에서는 친칠라의 특징을 느낄 수 있습니다. 또한 버밀라는 몸무게 3.5~6킬로그램 정도 되는 중소형 고양이로, 균형 잡힌 근육질 몸을 가졌지요.

　버밀라의 성격은 호기심이 많으며 사람들과 교감하는 것을 좋아합니다. 활동적이고 사교성이 뛰어나 다른 개체와도 다툼을 벌이는 일이 별로 없지요. 여간해서는 울음소리도 크게 내지 않는다고 합니다.

62 페르시안솔리드

원산지
페르시아(자연발생+인위발생)

외모 특징
파란색 눈

몸무게
4~7킬로그램

기타 특징
둥근 얼굴, 짧은 주둥이, 짧은 다리

　19세기 이후 페르시안 고양이는 서양에서 반려묘로 큰 인기를 끌었습니다. 몸 전체를 뒤덮은 길고 부드러운 털과 둥근 얼굴, 짧은 주둥이, 짧은 다리와 꼬리 등이 사람들의 사랑을 독차지했지요. 장모종을 대표하는 품종답게 목과 가슴의 풍성한 장식털이 우아한 이미지를 더하기도 했고요.

　페르시안 고양이는 페르시안클래식, 페르시안익스트림, 페르시안친칠라 등으로 구분할 수 있습니다. 각각의 특징을 하나씩만 이야기한다면 차례대로 노란색 눈, 유난히 납작한 주둥이, 은회색 털을 손꼽을 만합니다. 그중 가장 표준의 페르시안이라고 할 수 있는 페르시안클래식 중 노란색 눈 대신 파란색 눈을 가진 개체를 특별히 '페르시안솔리드'라고 일컫지요.

　페르시안솔리드 역시 겉모습이 조금 다를 뿐 이 품종의 성격적 특성을 고스란히 갖고 있습니다. 성질이 아주 온순하고 몸가짐이 차분하지요.